謹以此書獻給我的父母親
兩位普通但又不凡的台灣人

NAN SII.

SINENSIS

OCEANUS

INSULÆ PHILIPPINÆ

REG.

SIAN.

Cambo ia

Luco

MINDANAO

Calamianes

BORNEO

CELEBES

CEIRAM

Bintan

Banca

IAVA, quæ et IAOA dicitur.

Timor

Aru

Guam

MARE LANT CHIDOL

NUX MYRISTICA

INSULAE MOLUCCAE celeberrimae sunt ob Maximam aromatum copiam quam per totum terrarum orbem mittunt: harum praecipuae sunt Ternate, Tidore, Motir, Machian et Bachian, his quidam adiungunt Gilolum, Celebiam, Borneonem, Amboinum et Bandam. Ex Insula Timore in Europam advehuntur Santala rubea & alba. Ex Banda Nuces myristicae, cum Flore, vulgo dicto, Macis. Et ex Moluccis Caryophilli: quorum icones in pede huius tabellae ad vivum expressas poni curavimus.

Nova Guinea a nautis sic dicta, quod eius litora, locorumque facies Guineae Africanae multum sunt similia. ab Andrea Corsali Florentino videtur dici Terra de Piccinacoli. Partem autem esse continentis Australis magnitudo probabile facit.

PICUS CANCRI

De Sierta

Las dos Hermanos

Malabrigo

Islas de las Velas

Guigan

Gan

Botaha

Los Iardines al. la Desgraciada

Islas de Corales

Ilhas dos Reis al. de Pintados

Barbudos

I. de Pasaros

I. de Do. Aleixo

De los dos Vesinos

I. de los Nadadores

I. de los Saludores

Mira como Vas

De los Martires

I. de Aves

Baixos de S. Bartholome

I. de S. Pedro

ÆQUINOCTIALIS

Dos Martires

I. dos Crespos

La Barbada

Los Bolcanes

NOVA GUINEA

Insulæ Salomonis

Nombre de Jesus

S. Nicolas

Terra Baixa

Dalama

I. Dagoa

S. Tiago

Wit Sandel

Geel Sandel Santalum

Root Sandel Santalum rubrum

Witt Sandel Santalum

CARYOPHILORUM ARBOR

Formosa 發現台灣系列

圖文卷

TAIWAN IN THE AGE OF EXPLORATION

大航海時代的台灣

湯錦台◆著

推薦序

《大航海時代的台灣》是一本台灣研究領域中罕見的著作。此書不僅將台海歷史的前段有了交待，而其更重要的貢獻則是將台灣歷史放在世界史的格局中，討論西太平洋的海權競爭。台灣歷史是今日台灣的「顯學」，可是大多研究者的角度，大致限於「本土」的視野，此書則是從國際的視野，陳述台灣早期的情形。台灣歷史研究，如果都能從本土的樊囿自拔，當可將今日的台灣意識，擴大其胸襟懷抱，則於台灣今後定位及與人相處之道，更知道其中的分際。

十七世紀的大航海活動，是歐洲力量瀰漫全球的重要階段。這一段歷史，也是全球經濟網路成形的第一步。在十六世紀時，新大陸的白銀，已經過西班牙的高桅船，不斷運來亞洲，購買亞洲的商品，分別從印度洋繞過非洲，或從中美地峽由陸路轉駁到墨西哥灣，運往歐洲博取原料。中國出產的絲綢、茶葉與磁器，日本的各種工藝品（包括刀劍、織物），及南洋出產的各種香料，均是大航道上的商品。中國與日本、都因大量白銀流入，而有長期的經濟繁榮。這一現象，遂使產絲的江南，與產磁器的南部各省（包括江西、湖南、福建、廣東），成為中國最富庶地區。同理，日本的九州諸藩，也因為工藝產業發達，在大航海時代享受了前所未有的經濟繁榮。

在上述的時代背景下，本書描述的情形，或能更易理解。十七世紀的海商活動，事實上與海盜活動很難區隔。西方船隊之間，彼此攔截掠奪，已是列國海上競爭的常事。中國沿海的倭寇，其實是國際性的活動，其中頗多中國沿海的海盜。浙江閩粵沿岸，不少離島都是海上活動的基地，非中國官府號令所屬。第一代海商活動的領袖，竟是徽商許氏兄弟及王直，而不是閩粵沿海人士——這也是值得注意的事！我們必須理解：明代徽商的興起當與中國南方繁榮有不可分割的關係。徽商在金融事業獲得巨大財富，其中有人遂轉而投資國際貿易，亦即海商活動。然而，徽商必須僱用習於風波的沿海居民操舟出海；因此，徽商雖始作其俑，但幾乎立即由閩粵人士接手了。

海上活動向來是國際性的。十七世紀縱橫大洋的海商——海盜集團，其中成員十分複雜。西印度群島的海盜集團如此，中國沿海的海盜也如此！福建在中國南部，左挈浙

江、右攬廣東，以福建為基地的海上活動，以其地勢，又可遠通琉球、日本，南下菲律賓與馬來半島。太平洋西岸的洋流，南下北上，因經過台灣，這一優勢遂使台灣一躍而登上國際海上活動的中繼站。閩台兩地，內外呼應，既可扼南北交通咽喉，又可聯繫大陸與海洋。這是十七世紀以來，台灣據有的形勢；至今台灣仍以此特色，以蕞爾小島，卓然自立於西太平洋。讀者如能注意到，十七世紀的時間意義與這一空間位置在當時呈現的特性，當能理解本書所述的特殊現象的來龍去脈。海南島也是中國南方的島嶼，也許因為海南不是南下北上兩條洋流流經之處，海南遂只能是大陸的延伸，不能成為海運的樞紐。

中國與南洋各地的海運交通，早在南宋已相當發達。那時應已有華人移居南洋；明初有鄭和下西洋的壯舉，今日南洋各地華人居住地區，還有以「三寶」為名的遺跡。然而，華人大量移殖南洋，仍當在十六、十七世紀以後。在明鄭時代，單以呂宋（菲律賓）一地而言，即有數萬華人聚居堤岸，並且曾經慘遭西班牙人大批屠殺。南洋若干中繼港的華人聚落沒有發展為華人殖民地，則因為中國的明清兩代政府，都是閉關心態，不能向外發展。同樣的，後來致力於帝國主義侵略行為的日本，於十七世紀也有嚴重的閉關心態；於是，豐臣秀吉繼有侵略朝鮮之舉，也有窺伺中國的野心；但是德川日本只有地方藩侯主導的海上活動，日本人口卻並未大量移往海外，建立殖民地。台灣密邇中國，遂成為中國人口唯一的海上移殖地區，而終於納入中國版圖。如果台灣島離中國距離稍遠，則移殖台灣的漢人，大約也只能像南洋華人聚落一樣，最後淪為西方帝國主義殖民地的外來人口，而未必能發揚光大，成長為一個漢人的社會。本書作者曾比較台灣與南洋華人聚落之間的歷史，也因察覺時空條件對歷史發展的影響。

總之，這是一本好書，有一貫的理念，以駕馭複雜的史事，並且甚有可讀性，值得細讀。

許倬雲

2001.1.4

作者序

這本書是探討十七世紀台灣脫離原始狀態被動接受外界文明的一本著作。

十七世紀是人類歷史上的一個重要轉折時期，資本主義在荷蘭人反抗西班牙統治的戰爭歲月中發軔，從宗教和王權的束縛中解放出來的荷蘭新興商業資本追隨葡萄牙、西班牙人的海外擴張腳步，在亞洲建立了從印尼到日本的商業王國。

在此之前，隨著人類進入大航海時代的第一波全球化浪潮中，葡萄牙人、西班牙人的東來，中國人、日本人和歐洲商人之間開始出現了互動，這種互動又因後來居上的荷蘭人的加入而愈演愈烈，最後在東亞形成了以台灣、福建和日本九州為核心的三邊貿易，並由此而開啟了台灣近代的歷史。可以說，如果沒有歐洲人的東來，台灣可能在十七世紀以後相當長的時期內，仍將是中國海盜或是日本倭寇逃避中國官兵追捕的避難後方，漢人大批移民台灣的歷史至少要晚了許多時候。因此要探討台灣近代歷史的緣起，就不能不從歐洲人的東來說起。而這方面系統介紹這段時期發展的書籍卻不多見，因此在多年以前，就萌生了撰寫本書的念頭。

由於在紐約工作之便，給我研究這段時期的歷史增加了不少方便。從近代歷史起源的角度，紐約在許多方面與台灣有驚人的相似之處。從十七世紀二〇年代到六〇年代，它也是最早被荷蘭人統治過的地方；它同樣是先有土著居民存在，後因歐洲人的到來才打破其原始面貌。從認識荷蘭人殖民紐約的歷史著手，再逐步深入了解西洋人殖民海外的歷史，自然而然地，就掌握了圍繞台灣近代歷史形成的總體時代輪廓。

值得一提的是，一九九六年底到一九九七年年初期間，菲律賓駐紐約總領事館舉辦的一項長達四個月的展出，給了我永遠難忘的經驗。十六、七世紀之交的時候，一艘環繞地球航行的荷蘭船隻來到了馬尼拉港外，在一場遭遇戰中擊沉了西班牙人的「聖地牙哥號」大帆船。展出的就是專家打撈上來的沉船遺物，主要是明朝當時福建商人運往馬尼拉販賣的瓷器。一件件精美的青花瓷、造型獨特的龍紋大陶甕，另外還有西班牙人使

用的大砲、武器、銀幣和日本傭兵的武士刀護手等等，在我眼前的不僅是古代的文物而已，它們是歐亞文明的早期海上交流和先民們從事國際貿易的最生動寫照。這次的經驗加上我後來在荷蘭阿姆斯特丹、哈林、合恩等市鎮體驗到的聯合東印度公司的活動事跡，給本書所敘述的時代，提供了一些註腳。

在這個大時代的背景下，有一群活躍在東亞海域的閩南海商、海盜（其中最突出的是鄭芝龍家族），竟成為譜寫出這段歷史的要角。為了探訪這些海上活動家的足跡，我曾經先後到過廈門、泉州和日本的長崎、平戶。從實地、實物的體會中，我似乎對當時的時代脈搏有了更深一層的了解，也因此對先民們赤手空拳走南闖北、最後擊敗歐洲人的角逐的闖蕩精神有了更多的敬佩。這種精神一直成為推動我努力寫完這本書的動力。

寫這本書時，從一開頭就不打算把它寫成一本嚴謹、嚴肅的學術著作，只是希望能夠藉這本書為讀者們提供台灣近代歷史形成的生動註解而已。但是對於事務的描述，還是盡量找出論據，包括原始資料，使有所根據，其中並穿插自己的一些看法和體會，力求創新。不過，由於涉及的範圍過於廣泛，和海外蒐集中文資料的侷限，加上自己的學養畢竟有限，疏漏和錯誤在所難免，尚請讀者和專家們指正。

最後，我要特別感謝撰寫本書過程中我的妻子雪梅和家人給予我的全心鼓勵和支持。更要感謝我最尊敬的長輩沈昌瑞先生從頭到尾的關注和指點。我也要感謝好友張健行兄和暨南大學歷史系的林偉盛教授對本書的格式、內容和觀點提供了寶貴的意見。我還要感謝廈門大學鄧孔昭教授和他的學生，及泉州的王偉明先生，在我考察廈門、東山島和泉州期間給予的熱情幫助。對於貓頭鷹出版社編輯部門的張海靜小姐在資料和編輯方面的幫忙，也一併在此表示謝意。沒有他（她）們和其他沒有提到名字的朋友們的幫助，這本書是不可能這麼順利完成的。

湯錦台

2001.1.8 於紐約

大航海時代的台灣
目次 CONTENTS

第八章　荷蘭人統治下的台灣　105

第九章　鄭荷對決　星落南天　131

第十章　歷史的對比　歷史的反思　153

第一章　西洋人到來以前的台灣社會

在十六世紀後半期到十七世紀初期，歐洲和東洋日本勢力風起雲湧、世界格局發生前所未有的巨大變化之際，處在東亞大海之上的台灣，還是一個混沌未開的世外桃源，既不像中國、日本那樣，已經自主形成有力的政治主體，也不同於琉球、朝鮮，從屬在龐大的中華帝國的政治保護之下。

這個時期的台灣，除了人數不多的各族土著先住民[1]散居島上各地外，只有來自中國大陸南方沿海的零星漢人不時前來捕魚、交易，交換生活用品，或有一些海上武裝勢力以它作為對中國大陸和日本進行轉口貿易與武裝搶劫的基地。偶爾還有個別漢人移居島上，成為早期的漢人「來台祖」。[2]

這種幾乎與世隔絕的存在，直到進入十七世紀歐洲人在台灣海峽上的活動驟然轉趨頻繁，和日本與中國的惡性互動增加之後，才被突然打破，從此開啟了中外勢力交叉影響下的台灣四百年近代歷史。

但是，也許是四百年的歷史太長了，加上有關原始文獻史料不豐，至今我們對這段歷史形成前夕的台灣社會種種，知道的詳情並不多。即使如此，透過有限的文獻記載，大致還是可以了解到島上居民們的零星生活梗概。

據明史記載，在台灣北部的雞籠（今基隆），又名「東番」[3]，那裡的村社「聚落星散，有十五社。社多者千人，少或五六百人……男子穿耳，女子年十五，斷唇旁齒以為飾，手足皆刺文。」

又明萬曆三十年（公元一六〇二年）曾經跟隨浯嶼（現在的金門）把總沈有容驅趕倭寇，而到過台灣今台南一帶的福建連江人陳第，在他事後所寫的《東番記》中提到了台灣西南部西拉雅人男女的婚嫁習俗：「娶則視女子可室者，遣人遺瑪瑙雙珠，女子不受則已，受，夜造其家，不呼門，彈口琴挑之。……女聞納宿，未明徑去，不見父母，自是宵來晨去必以星。累歲月不改，迨產子女，始往婿家迎婿，如親迎；婿始見女父母，遂家其家，養女父母終身，其父母不得子也。」

◆日人所繪的先住民圖。

這就是說，男女未結婚前，男方看中對象後，以兩顆瑪瑙珠子試探，如果女方接納了，男方就在半夜到女子住家前面吹口琴挑逗，女孩聽到後開門接納，兩人同床共寢，天未亮，男子就悄悄離去，夜夜如此，直到女子生下小孩了，才到男子家裡把他娶了回來，終身奉養她的父母。

曾經在台南長老教會服務的一位蘇格蘭人牧師甘為霖（WM. Campbell）在他一九〇三年出版的《荷蘭人統治下的台灣》一書中，引述了文獻中荷蘭第一任駐台牧師甘迪留斯（Rev. George Candidius）的有關說明，給我們提供了這位荷蘭牧師對當時台灣先住民社會結構的第一手寶貴考察資料。

◆台灣原住民舂米圖。

根據甘迪留斯牧師的敘述：

（台南一帶的）土著共有新港（今台南新市）、麻豆、蕭壠（今台南佳里）、目加溜（今台南安定）、Taffakan、Tifylukan、Teopan和Tefurang等八個社。這些地方的居民具有相同的儀態、習俗和宗教，講著同樣的語言。這些社都是從海岸延伸到山區分布，離開熱蘭遮城（指荷蘭人的居住所在地）總部都在一天的行程之內。最遠的村莊是座落在山區的Tefurang，從熱蘭遮城來回要三天。居民們都很野蠻殘暴，男子通常都很高大強壯，事實上幾乎像巨人一樣。他們的膚色在黑褐之間，像多數印度人一樣（在此是指東印度人，即指南洋土著）。但不像卡菲爾人（Caffirs）那麼黑。夏天他們完全赤裸著身體，一點都不害羞。相反的，女人個子很矮小，但是很胖很壯，膚色在褐黃之間。她們穿一點點衣服，有點害羞，可是洗澡的時候並不會不好意思。她們一天要洗兩次澡，洗澡的時候，如果有男人走過，她們也不在乎。

總的來說，福爾摩沙人（荷蘭人對先住民的稱呼）都很友善、忠實和善良。他們對外國人也很好客，最有誠意地按照他們的方式拿食物和飲料給他們。……還有，福爾摩沙人對朋友和盟友非常忠實，一點也不奸詐。他們寧可丟了一條命或自己受苦，也不願出賣他人，使別人受到折磨。他們有很好的理解力，記憶力特別強，很容易理解和記住任何事情。

◆日本人所描繪的熱蘭遮城及其周邊平面圖。

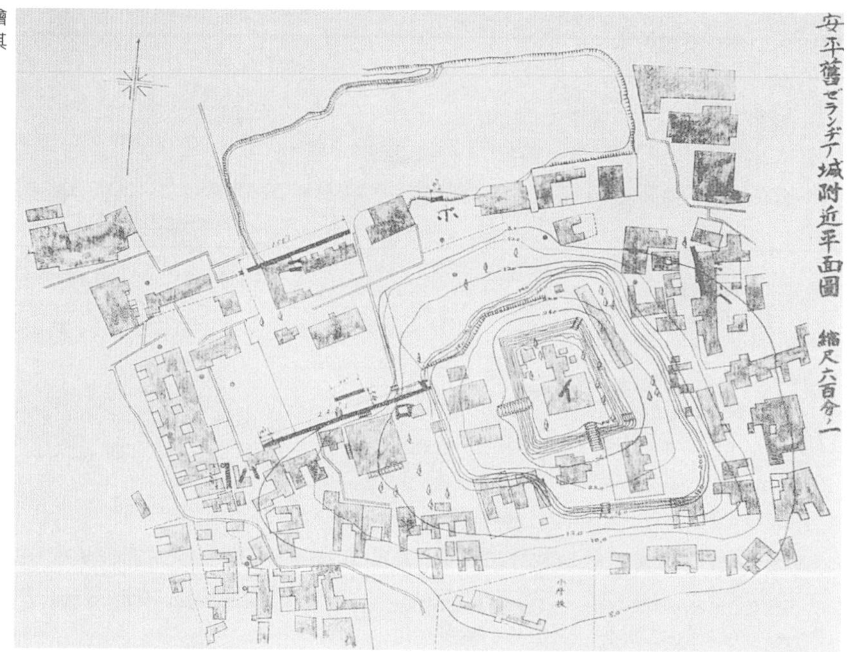

甘迪留斯牧師還提到這些土著居民主要從事簡單的農作，由婦女承擔大部分農事粗活，像插秧、割稻等。割下來的稻子直接拿回家中，每天晚上拿出剛好夠吃的兩三束稻穗，掛在火上晾乾，第二天清晨天亮前兩個小時再由這些婦女起床舂米。她們年復一年，日復一日，絕不準備超過一天需要的份量。

從甘迪留斯的描寫，我們還知道當時的先住民們使用刀、矛和日本製的斧頭打獵或打仗。捕獲的獵物皮毛（主要是鹿皮）被用來同漢人進行以物易物交易。

這些描寫說明了一點，就是在西洋人到達台灣以前，先住民已經從漢人學會種稻和插秧技術，而且也從漢人甚至日本人換得鐵製武器。那麼這些漢人和日本人又是在什麼情況下到台灣的呢？

明代從太祖朱元璋開國以後，厲行海禁，因此，中國大陸沿海居民私下到台灣的機會並不多。但是，由於宋、元以來，政府重視海外貿易活動，特別是福建泉州一地，曾經是對外貿易的中心，吸引過無數回教世界的商人到此進行交易，閩南沿海一帶居民得風氣之先，對經營海上貿易早已形成了一定的傳統。明太祖的海禁，雖能禁止沿海居民出海於一時，卻無法長遠加以禁絕。一部分居民鋌而走險，下海出洋，有的遠走南洋，有的前往日本，僑居海外的華人人數反而逐漸增加。

明朝中葉以後，中國國內工商業漸趨繁盛，中、日之間的走私活動也跟著增加，尤其是在浙江雙嶼（今浙江寧波外海）、福建月港（今漳州）的私梟貿易更為猖獗。到十六世紀下半葉，明嘉靖、萬曆年間，因為名將俞大猷、戚繼光清剿倭寇的結果，中、日間的走私貿易，也有一部分從閩南沿海移到了澎湖。

然而，這時閩、粵兩省的海盜也開始崛起，其中較為著名的有陳老、吳平、林道乾、曾一本、諸（朱）良寶、林鳳等。他們以澎湖作為基地，肆虐沿海，一遇官兵追剿即遠遁台灣、南洋，給明朝造成了不少困擾。

例如萬曆二年（公元一五七四年），「福建海賊林鳳自澎湖逃往東番魍港（一說在今嘉義縣東石鄉，一說在布袋鎮好美），總兵胡宗仁、參將呼良朋追擊之。傳喻番人夾攻賊船，煨燼，鳳等逃散。」

萬曆二十五年（公元一五九七年），日本統治者豐臣秀吉第二次出兵侵略朝鮮，為了防備日人入侵澎湖，明朝遂新設澎湖遊兵八五〇名，管哨船二十艘，於春冬兩季汛期防守。由於朝廷加強了澎湖的防備，於是中、日間的走私貿易會合地又從澎湖慢慢轉到了台灣。

一五九三年，福建巡撫許孚遠在《疏通海禁疏》中說：「東南海邊之地，以販海為生，其由來已久；而閩為甚。……臣又訪得是中同安、海澄、龍溪、漳浦、詔安等處奸徒，每年於四、五月間告給文引，駕駛烏船稱往福寧卸載、北港捕魚及販雞籠（今基隆）淡水者，往往私裝鉛硝等貨潛去倭國。」沈演《論閩事》也說：「挾倭貨販北港者，實繁有徒。」

除了以台灣為基地發展海上武裝勢力或利用台灣進行中日轉口貿易外，也有人是專門前往捕魚的。福建巡撫黃承玄在《條議海防事宜疏》中指出：「瀕海之民。以海為業，其採捕於北港之間者，歲無慮數十百艘。」

值得一提的是，到了明朝末葉，官方文書中提到雞籠、淡水和北港等地名的已不少見，證明這些地方漢人的影響力正在逐漸深入，大陸對台灣的商務或漁事活動不斷增加之中。

但大體來說，這個時期漢人出入台灣的畢竟還是不多，估計常年住在台灣的漢人人數不會超過兩、三千人。根據荷蘭人占領台灣之前一年的一六二三年對大員（即現在的台南市安平區）所作的調查，「住在該處原住民中間的中國人，為數超過一千或一千五百人」。

在此同時，十六世紀中葉開始來到日本的葡萄牙人，引起了日本人對海外貿易的巨大興趣，到十七世紀初期，許多日本商船已經紛紛造訪西班牙人占領的馬尼拉港。根據一六〇三年的一項調查，當時在馬尼拉居住的日本僑民已經多達一千五百人。當中免不了有人會利用台灣處在馬尼拉與日本之間的有利地理位置，順便在島上從事一些貿易活動。

另外，上面也提過，十六世紀結束之際，中日之間的走私貿易會合地已經從澎湖轉移到了台灣。因此在荷蘭人占領台灣之前，台灣島上也已居住有一些日本商人。這些商人都是由日本的地方諸侯或豪商家族（像九州的有馬、松浦和京都的角倉及大阪的末吉等）派出。[4] 到荷蘭占領大員建造了熱蘭遮城以後，還特地把日本人聚居在城外的居民區去。荷蘭人占領台灣不久的一六二六年，西班牙人繪製的「台灣的荷蘭人港口圖」上標示，日本人有一六〇人居住在熱蘭遮城旁邊的街市上。

總之，在荷蘭人占領台灣的前夕，台灣社會的主體還是保留了其原始社會的風貌，但是隨著東亞海上貿易的轉趨頻繁和漢人、日本人及西洋人的先後到來，台灣島上正預示著新的變局的上演。以中、日、歐勢力在台灣海峽上的角逐和互動為起點，台灣的歷史寫下了新的一頁！

【註釋】

1. 目前在台灣習用「原住民」的說法稱呼早於漢人到台居住的土著。但是嚴格來說，我們現在所知的各族土著住民的先人，到台灣的時間互有先後，而且在他們之前是否還有已經消失的其他族群住過台灣，我們並無確切的了解。因此作者在本書中還是用「先住民」的說法稱呼土著居民。
2. 據族譜考察，明成化年間（公元一四六五～一四八七年），福建長泰縣江都村的連家即已遷居台南，南靖縣雙峰村丘家也移居今台北淡水。
3. 明朝在當時把台灣稱為「東番」。
4. 日本在德川家康全面主政以後。幕府實施「朱印狀制度」（即海外貿易執照制度），只有少數諸侯和豪商家族享有此一特權。

第二章 衝破海禁的閩南人

離開現在六百多年前，元朝最後一個皇帝順帝妥懽怗睦爾至元六年（公元一三四〇年）的時候，中國的十五名使臣來到了新統一的印度蘇丹王國的都城德里。據說他們到印度來，是為了請求印度的回教統治者穆罕默德・圖古拉（Muhammad Tughlug）允許他們在德里東方大約八十英里的一個小城建蓋一所佛寺。

在圖古拉王朝擔任法官的一位摩洛哥旅行家伊本・巴圖塔（Ibn Battuta）見到了這些使臣。第二年夏天，圖古拉任命巴圖塔擔任他的使臣，陪著這些中國使者回中國報聘。巴圖塔在一千名護騎的護衛下，帶著大量的財物和二百名女奴，離開了德里，幾經波折，來到了印度西南方馬拉巴邦的港岸城市加利卡特（Calicut），僱用停泊在那邊的中國大帆船，準備在翌年三月順風季節前去中國。

◆奉印度蘇丹王國國王之命出使中國的伊本・巴圖塔。

在加利卡特，巴圖塔看到了來自中國的十三艘大帆船（junk）[1] 停泊在港裡過冬。他在多年以後出版的遊記中說，這些船隻大的可容納千人，有的船上甲板多達五層，還有私人艙房，高級的甚至配備了私人洗手間，簡直就像今天的豪華郵輪一樣。

他說，高級的艙房可以從裡面把門閂住，讓乘客與帶去的女奴或婦人廝混。有的時候，船上的其他乘客根本就不曉得他住在裡面，等船隻到了下一個地點後，才知道有那麼回事。

巴圖塔的親身經歷，讓我們領略到了當時中國造船技術的先進，即使是三百多年後的十七世紀，在東方的水域揚威的歐洲人的船隻，也遠遠難以匹敵。[2] 因此在半個世紀以後，三寶太監鄭和膾炙後世用來七下西洋的巨大海船，就不足為奇了。

宋、元以來，由於工商業發達的結果和採取了開放的對外貿易政策，中國曾經出現過盛極一時的遠洋國際貿易。貿易的基地就在福建南部，也就是我們習稱的閩南地區。從一度是世界最大貿易港口的泉州駛出的海船，曾經縱橫南洋和印度洋的廣袤洋面，遠達非洲東岸的蒙巴薩（Mombasa）、波斯灣的霍木茲（Hormuz）、印度的加利卡特、錫蘭（現在的斯里蘭卡）和南洋諸國。透過回教世界的商人，中國的絲綢和瓷器輾轉運抵歐洲，引起了歐洲人對東方的瘋狂嚮往。在土耳其、埃及、阿曼、巴基斯坦、印度、泰國、馬來西亞、印

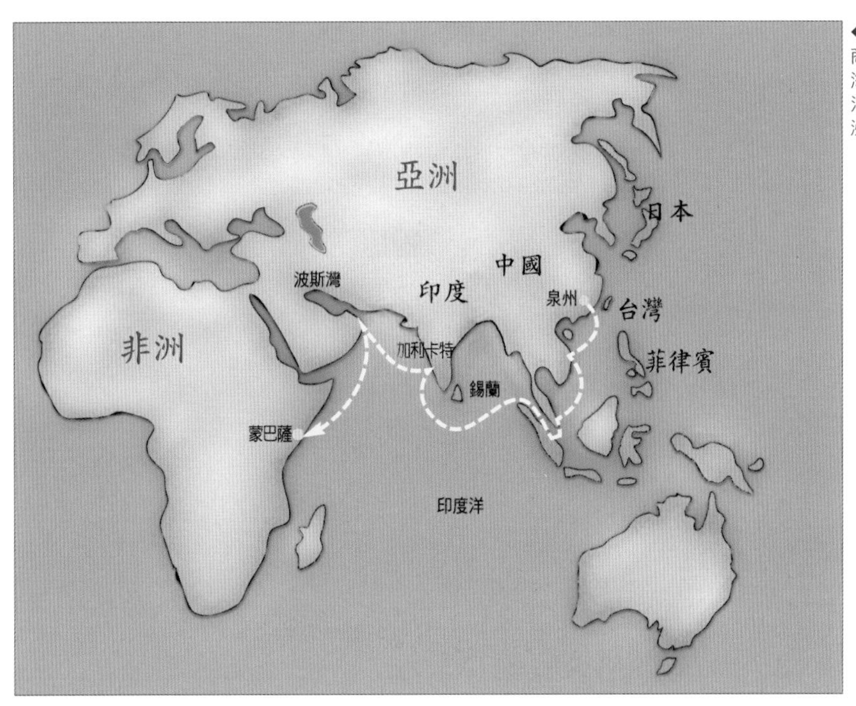

◆從泉州出海的商船穿越麻六甲海峽，縱橫印度洋，最遠可達非洲的蒙巴薩。

尼、汶萊和菲律賓的博物館和考古遺址中，保留了數以萬計的中國瓷器和錢幣。在埃及的西奈半島，日本學者在一座古民房裡發現了三千多塊宋朝的瓷片；在巴基斯坦南部的古海港斑波爾、印度南部的馬拉巴海岸以及斯里蘭卡北部的阿努拉達普拉地區，學者們也發現過大量的唐宋以來的中國瓷器和錢幣。[3]

另一方面，在泉州，則聚集了大量回教世界過來的商販。巴圖塔在他的遊記中為我們作了歷史的見證。

因為離開加爾各特的時候，遇到風暴，隨行船隻沉沒，巴圖塔在歷盡週折之後，到元順帝至正六年（公元一三四六年）才隻身來到中國。他的首站就是泉州。這時已經是元朝統治的末期了，社會開始動盪不安，可是巴圖塔眼中所看到的中國，仍舊是極為富饒的國度，不但絲綢、瓷器好，連養的雞和種的李子與西瓜也是舉世無雙的。他說：「中國是旅行家在全世界旅行最安全、最舒心的地方，即使身上帶著很多的錢財，也可以單獨到處行走九個月而毫不耽

◆公元一九七六年挖掘出的福建德化的宋、元屈斗官窯址。當時出土了六千多件器物，說明了很早以來福建對外貿易的繁盛。

◆公元一九七四年泉州灣後渚港挖掘出十三世紀七〇年代所建造的中國古帆船，上圖所示為隨船出土的古銅錢。下圖為隨船出土的象棋。

心。」他又說到：「在中國停留期間，每當我看到穆斯林（回教徒）的時候，總是覺得我遇見的是自己的家人或很近的親戚。」

除了泉州之外，巴圖塔還到過福州、廣州和杭州，可能還到了北京。他在泉州遇見過在印度德里借過錢給他的一位商人。他在廣州與一位富有的回教商人一起住了兩個星期。他在福州巧遇本國同胞——一位來自摩洛哥的年輕學者。他在杭州則住在穆斯林社區一位埃及人的家裡。

巴圖塔給我們描述的是有如現代的紐約或阿姆斯特丹的多種族社會的縮影，然而，令人極度遺憾的是，好景不常，這麼一個繁盛的國際貿易局面，卻在短短幾十年內被明朝的統治者打斷

◆十四世紀的阿拉伯商人。泉州在十四世紀時即已聚集了大量回教世界過來的商販。

了。當然，隨著對外貿易的消沉，宋、元以來的製造龐大海船的精湛技術，在鄭和下西洋以後，也就隨風而逝了。

◆關閉中國海洋活動實施海禁的明太祖朱元璋。

明朝自從朱元璋洪武元年（公元一三六八年）開國起，因為肆虐山東沿海一帶的倭寇活動逐漸南下，給長江以南省份造成了極大的禍害，於是採取消極對付的政策，屢下禁止入海的禁令；另外為了由朝廷壟斷對外的貿易，並在洪武七年（公元一三

一位偉大的阿拉伯人旅行家——伊本・巴圖塔

伊本・巴圖塔是十四世紀阿拉伯世界的一位偉大旅行家，並且到過中國。然而，因為他不是歐洲人，雖然他旅行了更多的國家，他的名氣在西方世界反而遠遠不如比他早六十多年來到中國的馬可・波羅。中國人知道的就更少了。

公元一三〇四年，他出生在北非摩洛哥的坦吉爾（Tangier）城（在直布羅陀海峽歐非兩洲交界處），年輕的時候學習過法律。一三二五年前往阿拉伯的麥加朝聖，沿途訪問了北非各地、埃及、巴勒斯坦和敘利亞。完成朝聖後，他繼續前往伊拉克和波斯（現在的伊朗），然後返回麥加。一三二八年，他乘船前往非洲南部的坦桑尼亞，回程訪問了阿曼和波斯灣，並橫貫阿拉伯中部，再到麥加朝聖。

一三三〇年，他跋涉埃及、敘利亞和中亞，渡過黑海，折往歐亞交接處的君士坦丁堡（現在的伊斯坦堡，當時是拜占庭王朝的國都），再從裡海北部穿越亞洲大草原，經阿富汗，在一三三三年抵達了印度次大陸北方印度蘇丹王國的都城德里。在印度他一住就是八年。一三四一年，他奉命擔任使臣，前往中國。歷經艱險，他在一三四六年終於來到了繁華的泉州，也到過了人口有八十多萬的杭州。

訪問中國之後，他經由印度南部、波斯灣、敘利亞和埃及再度前往麥加朝聖，最後經由海路和陸路在一三四九年回到了摩洛哥的首都菲茲（Fez）。一三五三年至一三五五年，他完成了人生的最後一次旅程，騎駱駝穿越撒哈拉沙漠，訪問非洲古文明所在的馬里王國（在西非洲）。

他一生走過的行程七萬多英里。

一三五六年，摩洛哥統治者阿卜・依南蘇丹（Abuínan）命令一位年輕的學者伊本・猶扎（Ibn Juzayy）寫下了他口述的遊記。

◆泉州出土的明代瓷器。

七四年）把元代以來鼓勵對外貿易的市舶司廢除。[4]

明代的海禁直到統治後期的隆慶年間（公元一五六七年）才開始有所緩解，但是已經給原來生機勃勃的閩南和其他沿海地區黎民商賈的生計造成了毀滅性的打擊。更嚴重的是，從十五世紀初期鄭和下西洋以後，中國官方的海洋發展幾乎整個停頓了下來，導致後世面對後來居上的西洋人的船堅砲利完全束手無策，遺留了無窮的海防後患。

對於閩南地區的百姓來說，從宋代以來，他們與杭州一樣，世代享有全國最高水準的生活。海禁的結果剝奪了他們的生路，與其坐以待斃，不如鋌而走險。向外自謀發展的動力於焉形成，越到後來越成為滾滾洪流，並結成足與朝廷抗衡的龐大的民間武裝勢力。這些勢力分成三股在海外建立基業：一股是在南洋繼續發展西洋貿易的華人商業網絡；一股是北上日本九州開闢新天地的閩籍僑社；最後一股是就近在台灣海峽出沒的海上武裝集團。這三股力量既有獨立發展的一面，也有相互交叉的另一面，同時都曾經與台灣發生過密切的關係。諷刺的是，在明朝末年朝廷應付對外事務的能力日趨薄弱的時候，在中國與西洋人爭奪海上貿易主導權，甚至能夠以武力對抗的，竟然是這些來自民間的力量。

馬尼拉的華人

◆十七世紀初期出現在馬尼拉灣的中國帆船。

明朝實施海禁的結果，一部分在海外的商人，被迫留在當地居留，不再回國；一部分沿海居民到海外從事走私貿易。在當地留下的人占據了三佛齊（今印尼蘇門答臘巨港），這裡是控制麻六甲海峽進出的要地。到明朝重開海禁時，爪哇的萬丹和巴達維亞以及呂宋島的馬尼拉成了較為著名的華僑社會。到十六、七世紀之交西班牙人統治菲律賓時期，馬尼拉已經是台灣大量吸收漢人移民之前，中國大陸以外最大的閩南人聚居地區了。

馬尼拉的建城與興起，與早期活躍在台灣海峽的武裝集團有密切的關係，這裡是他們從事對南洋貿易的前方和逃避明朝官兵追捕的後方。公元一四九二年哥倫布發現新大陸後，一五六五年西班牙人開始占領菲律賓，在宿務建立了第一個亞洲殖民地，然後在一五七一年占領了馬尼拉。到十六世紀末期，由於西班牙人需要華人為他們運來中國貨物，這裡已經有了一個很大的華人社區了。

但是，華人社區的擴大也使西班牙人感受威脅。神宗萬曆二年（公元一五七四年）曾經占據台灣魍港的海盜集團領袖林鳳[5]被明朝官兵追剿後逃到了馬尼拉，對西班牙人發動攻擊，當時遭到擊退。一五九四年，一位中國船員謀殺了西班牙駐馬尼拉的總督達斯馬里納（Gomez Perez Dasmarinas），兩年後新上任的副總督德摩加（Antonio de Morga）要求續任總督古佐曼（Francisco Tello de Guzoman）對華人社會進行嚴密的監控，並將一萬二千名華人驅逐回國，可見當時華人在馬尼拉的人數已經不在少數。

萬曆二十八年（公元一六〇〇年）十月，由荷蘭人范努爾特（Olivier van Noort）率領的一支荷蘭艦隊，總共三艘船隻從大西洋繞過南美洲經太平洋抵達馬尼拉。途中他捕獲了一艘駛往馬尼拉的中國帆船。這艘中國船的船長從澳門的葡萄牙人那裡學會了葡萄牙話。范努爾特在懂得葡萄牙話的船員的幫助下，從這位船長口中了解了馬尼拉西班牙人的情況，也獲悉每年十二月到四月順風季節有四百艘中國帆船和兩艘日本船到訪。[6]

在馬尼拉的華人大部分經營絲綢、布匹、瓷器，有的還信奉天主教。雖然這些華人並無在菲律賓立國的企圖，更無力與西班牙人對抗，但是西班牙人顯然對他們甚不放心，開始像對待南美洲的殖民地一樣，展開了大規模的屠殺行動。明萬曆三十一年（公元一六〇三年）的一場大屠殺，使馬尼拉的華人人數劇減到五百人。但是沒有多久，中國船隻又陸續回來。再經過二十年，華人在菲律賓的人數已經達到三萬。明天啟元年（公元一六二一年）的估計，住在馬尼拉「賤民區」（為管制不信天主教的華人而專設的集中住區，也就是「低等華人區」）的人數多達二萬人。[7]

在馬尼拉華人社會當中，曾經有一位對後來荷蘭人占領台灣產生關鍵作用，同時也與鄭成功的父親鄭芝龍關係密切的人物，他就是被荷蘭人稱為Andrea Dittis的泉州商人李旦。

有關李旦的生平，史書上記載的不多，也很不詳細，有的學者認為他就是後來率領部下到北港開啟台灣漢人社會的顏思齊。

據許多研究和中國文獻記載，李旦是在馬尼拉經商的商人，後來去到日本，收留了鄭芝龍。在一六一五年前後又開始了台灣貿易。當時擔任英國東印度公司駐平戶商館館長的考克斯（Richard Cocks）在一封信中說：「Andrea Dittis與他的弟弟華宇（Whow譯音）船長無疑是當地走私貿易中最大的冒險投機者。」這封信中也指出李旦可能還繼續進行南洋貿易。

考克斯在一六一九年三月十日的另外一封信中還說：「這名Andrea Dittis 現在已經被推舉為長崎、平戶和其他地方在日華人的總僑領。」[8]

除了李旦以外，還傳說有顏思齊其人曾經在馬尼拉經商，但是這方面的資料也不容易核實。鄭芝龍部下江美鰲的兒子江日昇根據他的父親的口述在康熙年間所寫的《台灣外記》中提到，顏思齊在家鄉漳州海澄遭受權勢者的欺凌，一怒之下打死官家奴僕，亡命海外，後來在台灣、日本之間經營貿易。

到明朝滅亡前後，鄭芝龍、鄭成功、鄭經祖孫三代為了籌措軍餉和擴張勢力，都曾努力經營南洋貿易。《台灣外記》說：「（永曆二十年）戶都事楊賢回台灣，監督洋船往返暹羅、咬𠺕吧（即今雅加達）、呂宋等國，以資兵實。」

◆十六世紀歐洲一本旅行書籍中的中國官員插圖。

在長崎、平戶的閩南人私商

明朝厲行海禁以後，日本為了打開對中國的貿易，從十五世紀明成祖永樂年間就開始每十年派船二艘到中國進貢，每船百人。到了宣德年間，仍限定每十年一貢，船三艘，人三百。但是，往往船隻和人數超過規定數量，而且常以進貢為名，欺瞞明室，實行搶掠，所以明朝設計了一種勘合貿易制度，規定日船須持明朝預先發給的勘合底簿（類似今天的簽證本，但有一式二本，中國官方和日本船隻各執一本，在日本船隻抵達中國港口時進行核對），拿到福建布政司去核對無誤後，再送到京師禮部核對一次，才可以進行貿易。

明清兩朝護僑不力——鄭成功保僑功虧一簣

西班牙人屠殺華人的慘案，第一次發生在公元一六〇三年，被殺死的華人多達二萬五千人。由於明朝朝廷對這次的事件採取了冷漠的態度，只是下令「送死者妻子歸」，因此西班牙人繼續肆無忌憚，多次進行類似屠殺行動。明崇禎十二年（公元一六三九年）被屠殺者達二萬二千人左右。清康熙元年（公元一六六二年）被殺者一萬人，最後一次屠殺發生在康熙二十五年（公元一六八六年），被殺者人數不詳。此外，西班牙人曾多次進剿中國海盜，對於西班牙人進剿中國海盜的行為，中國朝廷也從不過問。

相對於中國朝廷的冷漠，日本政府的態度截然不同。西班牙人占領馬尼拉後，呂宋外海充斥著日本倭寇，但是每一次西班牙人的進剿行動，都會引起日本政府的強烈憤怒。

另外，關於一六六二年的屠殺，原因是鄭成功在一六六二年逐走荷蘭人統治台灣以後，因為極度不滿西班牙人對待華僑的手段殘暴，曾經透過他的外交顧問，一位羅馬天主教神父前往馬尼拉策反馬尼拉當地華人起義，由他提供外應。可惜事機不密，西人有備，華人戰鬥數日，終究不敵。據史學家連橫的說法，當時死者數萬，很多人乘小船逃往台灣，大半在海上淹死。事後西班牙人因為害怕鄭成功征討，特別派使者到台見國姓爺。鄭成功的部將都主張討伐西班牙人。令人遺憾的是，不久鄭成功就病故了，在馬尼拉的華僑從此更沒有人可以保護他們。而僥倖生存下來逃抵台灣的那些人，他們的後代子孫也不一定知道自己的先人曾經經歷過這麼一場慘絕人寰的劫難了！

◆日人對華貿易的興緻一直很高，公元一五六二年被稱為唐船的中國船進入長崎港，造成長崎的開港。

雖然要經過這麼繁瑣的手續，但是日本人對華貿易的興致一直很高。永祿天皇五年（公元一五六二年）被稱為「唐船」的中國商船首次進入了九州的長崎港，促成長崎的開港。公元一六一六年（萬曆四十四年），日本統治者規定，除中國船隻外，所有外國船隻都只能進入長崎、平戶兩港，足見日本對中國貿易的歡迎程度。

日本天文十二年（公元一五四三年），來自暹羅的葡萄牙人在中國人王直的帶領下首次登陸九州南方的種子島，這是歐洲人首次接觸到日本。七年後，平戶的藩主松浦隆信為了開展海外貿易，增加收入來源，歡迎首艘葡萄牙船來到平戶。之後，在一五八四年，一艘呂宋的西班牙船在前往澳門途中迷航漂到平戶，開始了西班牙人與日本的接觸。在此之前，由於與平戶領主關係的惡化，葡萄牙人已將貿易據點轉移到長崎。隨著中國人和葡萄牙人的到來，從十六世紀七〇年代起，長崎開始繁榮起來。

十七世紀初期，德川家康統一了日本。一六〇〇年荷蘭人首次踏上了日本的土地，到達九州，一六〇九年在平戶設立了商館，接著，在一六一三年英國也在平戶設館。從此開始了荷蘭人與葡萄牙人、西班牙人和英國人在日本的商業競爭。

對於開啟台灣漢人主體社會產生巨大影響的主要人物李旦、顏思齊和鄭芝龍，就是在這樣的國際背景下，先後到達長崎、平戶的。

◆公元一六〇九年荷蘭人在平戶設立商館。

隨著歐洲人在日本的立足，最先抵達九州的中國私商之一就是泉州人李旦。前面說到，英國商館館長考克斯在一六一五和一六一九年的信中都提到過他，說他是搞走私貿易的，而且成為華僑的僑領，因此在此之前他顯然已經在日本經營多年了。

李旦是在一六二五年八月十二日病逝於平戶。[9] 死後在長崎和平戶均留下了美麗如花的妻妾、小孩和豪宅。[10] 但是在死後也欠下了英國人一身債務。[11]

李旦生前所做與台灣最相關的兩件大事是：一六二四年當中國因為荷蘭艦隊占據澎湖而與荷蘭人爭執不下時，擔任調人，勸諭荷蘭人轉移到台灣的大員（今台南安平）；另外是在鄭芝龍抵達日本平戶時收留了他，甚至可能認他作了義子。[12]

被德川家康封賞的一位西洋武士

公元一六〇〇年四月十九日，一艘荷蘭船漂抵日本九州的豐後地區（在九州島東北方，現在的大分縣臼杵市），船上只剩二十四名氣息奄奄的船員。擔任航海長的是一個叫威廉・阿當姆斯（William Adams）的英國人。

這是一五九八年六月荷蘭第一次繞道南美洲派往遠東的五艘船隻中僅存的一艘。其中三艘船隻在經過凶惡的麥哲倫海峽時失蹤了，只剩兩艘一齊橫渡太平洋。但是一場颱風又捲走了另一艘，最後只有阿當姆斯駕駛的船隻「慈愛號」（de Liefde），也有人譯成「愛情號」，抵達日本。

荷蘭船隻一出現，立即引起了已經立足日本的葡萄牙人的打擊。他們向當時擔任豐臣秀吉過世後政權最高顧問的德川家康打小報告，說這是一艘海盜船。德川調船長調查，但是因為船長生病，命運的造化改由阿當姆斯接受詢問。阿當姆斯向德川詳細解釋了歐洲的戰爭、武器的發展和火藥的使用，也告訴了德川有關航海、造船和天文學的先進科技。

起先德川還把阿當姆斯和船員都關在大阪城裡，但後來改變了心意，開始喜歡上他的人格、知識和技術。

一六〇〇年九月關原之戰中，德川利用了「慈愛號」上的火藥和槍枝與大阪方面作戰，一舉打贏了敵方，統一了日本。戰後，德川叫阿當姆斯擔任幕府的外交顧問，並且讓他在伊勢半島附近海岸建造了兩艘大船。這是日本歷史上有名的「歐洲式帆船建造令」。船造好後，德川在江戶

◆平戶港邊三浦按針的塑像。自太平洋方向過來的荷蘭船隻漂抵九州島豐後地區，英國籍領航員阿當姆斯（三浦按針）受德川家康禮遇對待。

鄭芝龍是福建南安石井鄉人，因為是長子，故小名稱「一官」，又叫「鄭一」(閩南語中與「第一」諧音)，西洋人後來都以一官稱呼他。關於他的出生年月和到日本的時間，有不同的說法。一種說法根據日本的史料《駿府記事》、《武德大成記》和《河內浦鄭氏遺跡碑》認為，他是在慶長十七年（明萬曆四十年，公元一六一二年）到日本的，當時他是十八歲。據此推算，他是出生於萬曆二十三年（公元一五九五年）。

另一種說法則根據江日昇的《台灣外記》，說他生於「萬曆甲辰（公元一六〇四年）三月十八日辰時」，「天啟元年（公元一六二一年）辛酉，一官（芝龍）年十八，性情逸蕩，不喜讀書，有膂力，好拳棒，潛往粵東香山澳

◆二〇〇〇年日本長崎慶祝與荷蘭人交流四百週年的紀念海報。

（現在的東京）賞了給他一所大房子，並且封他武士的封號，賞給他三浦半島逸見村的封地和二五〇石及九十名農民的封賞。對於一個洋人來說，這是無上的榮譽。另外還把江戶一名官員的女兒賞了給他。由於他航行到日本時是一名領航員（pilot），在日語中叫「按針」，所以人們都以「三浦按針」稱呼他。

阿當姆斯與他的日本妻子生下了一個兒子約瑟夫（Joseph）和女兒蘇姍娜(Susanna)。一六〇九年，他為德川建造的其中一艘一二〇噸的大船，載著日本的商人橫渡了太平洋，前往墨西哥與西班牙人貿易。一六一三年，他幫助英國東印度公司在平戶設立了商館，然後為公司前去琉球、暹羅和安南（現在的越南）從事貿易。

長崎對西洋人的開放也與三浦按針的努力密不可分。他並公正地擔任在平戶的荷蘭人和英國人的調人，經常辛苦地奔波於平戶、江戶（東京）和德川家康退休後居住的駿府三地之間，為日本幕府的外交事務努力。或許由於阿當姆斯在日本接觸西洋人初期給日本後世留下的良好印象，因此日本在近、現代史上，對洋人的態度一直不如中國人那麼猜忌，這對日本接受西方現代化有很大的幫助，也使日本在現代化方面跑到了中國的前面。

一六一九年三浦曾經與一些日本人一起航行到中國。回日本後即病魔纏身。

一六二〇年五月二十日，他在平戶去世，年僅五十六歲。他的故事被作家詹姆斯・克拉維爾（James Clavell）寫成了著名的長篇小說《將軍》(Shogun)，並拍成長篇電視劇，曾經在美國轟動一時，而《將軍》這本書至今仍深受美國讀者歡迎。

公元二〇〇〇年是「慈愛號」抵達日本四百週年，在日本和荷蘭兩國都舉行了隆重的活動，以紀念兩國的交往友誼。

（澳門）尋母舅黃程。」《台灣外記》還說，他在天啟三年（公元一六二三年）二十歲那一年抵達平戶以後，與十九歲的翁氏（日本人田川氏，因母親改嫁給泉州籍華僑翁翌皇，故《台灣外記》稱她為翁氏）結了婚。

但從後來發現的《鄭氏宗譜》和《鄭氏家譜》對照《台灣外記》中許多記載的錯誤來判斷，[13] 以及他在平戶曾經經歷過一段困頓的日子，後來是因投靠李旦才發跡起來，並與鄭成功生母田川氏結婚生子的情況來推斷，鄭芝龍似乎是不太可能只在日本逗留了不到一年的期間的，他應當在日本至少停留過數年時間。因此，他在萬曆四十年（公元一六一二年）或至少是在比天啟三年（公元一六二三年）更早的時間就到了日本的推斷，似乎比較可靠。不過，他到日本之前曾經到過澳門母舅處居住一段時間的說法，目前似乎沒有人提出異議。

他離開澳門到達日本平戶之後，初期曾經為了生活賣過鞋子和做過裁縫。當時的平戶是一個多山而貧瘠的彈丸小島，原為十四世紀以來侵擾朝鮮、中國沿海的倭寇之鄉，因島主松浦氏有遠見招徠荷蘭人和英國人在島上開商館，又因其位於九州島最西端，有著聯絡日韓貿易要津博多港並進而經由門司海峽通航大阪的便利，竟然成為日本對外貿易的重要窗口。這個島嶼與其東南方不到一日船程的長崎港成犄角之勢，吸引了不少中國的私商前來。最早來到這兩個地方的有安徽人王直（嘉靖二十二年，公元一五四三年），接著又有許二（棟）（嘉靖二十三年，公元一五四四年）、徐海（嘉靖三十年，公元一五五一年）等人。在萬曆年間則有李旦，在鄭芝龍抵達的時候，這裡已經成為閩南人在日本的一個重要僑鄉了。

◆鄭芝龍平戶住所遺址。

鄭芝龍在經歷了僑居日本初期艱困的生活之後，由於特殊的機緣結識了李旦，並逐漸獲得李旦的信任，掌管了他一部分的事業甚至他的財富。[14] 在這段期間，傳說他也結識了在平戶的另一閩南富商顏思齊，因而有日後《台灣外記》所說的同顏思齊一起在台灣建立基業的說法。[15]

鄭芝龍在平戶時娶了日本人妻子，就是鄭成功的母親田川氏，婚後住在平戶港南邊十幾里地的川內浦，這裡是個從海邊灣進去的海灣，與荷蘭人和英國人居住的平戶港港區有一段山路，但比平戶港的海灣還大。海邊的千里濱海濱鄭成功出生處旁邊有荷蘭商館的倉庫，山坡上種有英國平戶商館館長考克斯從琉球引進試種的甘藷園區，[16] 來自中國的華僑可能有不少人就住在可以停泊不少船隻的川內港四週。[17]

◆平戶千里濱。千里濱海濱除了為鄭成功的出生處外，荷蘭商館的倉庫亦設置於此。

田川氏在天啟四年（公元一六二四年）鄭芝龍離開日本的那一年農曆七月十四日（陽曆八月二十七日）辰時[18] 在川內浦東邊海邊的千里濱生下了兒子福松（福建之松的意思，又名鄭森），就是後來驅走台灣荷蘭人的明朝將軍鄭成功。鄭成功在川內浦成長到七歲才由鄭芝龍派人接回福建老家。[19]

顏思齊傳說是漳州海澄人，《台灣外記》說他可能是專門從事海上打劫的海盜集團的頭子，手下有楊天生、陳德、洪陞、張弘、林福、李英、莊桂等人。但據考證，這些人物都不見於地方志傳，因此，對於顏思齊是否真有其人，事跡如何，有待進一步查考。

明天啟四年（公元一六二四年）一月二十一日，可能是在李旦的推薦下，鄭芝龍搭乘荷蘭船「好望號」（The Good Hope）離開日本，到澎湖擔任荷蘭人的通事（翻譯），後來自立門戶，自成一股龐大的海上武裝勢力。[20]（《台灣外記》說是在這一

◆平戶千里濱鄭成功慶誕碑文。

年中秋節前夕倉皇辭別田川氏和剛剛滿月的兒子福松，與顏思齊等人逃離日本到台灣的。[21]）

出沒台灣海峽的武裝集團

在荷蘭人到台灣以前，台灣海峽已經是中國人海上武裝集團活躍的場所，如嘉靖三十三年（公元一五五四年），漳州人陳老「結巢澎湖」，嘉靖四十二年廣東惠來人林道乾被明將俞大猷追至澎湖，後遁入魍港，萬曆八年（公元一五八〇年）廣東曾一本「屯澎湖」等。但是在這些海上武裝集團當中，因為海上活動而與西洋人產生互動關係的只有林鳳一夥。

萬曆二年（公元一五七四年）林鳳「擁其黨萬人東走」，在受到福建總兵胡守仁追逐並召「番人」合剿之後遠遁。這一年冬天，突自澎湖率領戰艦六十二艘、男丁三千人南下攻擊才剛剛立足馬尼拉不久的西班牙人，獲得菲律賓人響應，「殺西教士，聚眾於教堂，宰牛羊為誓。」但是西班牙總督在洋槍隊的助戰下，擊退了林鳳的人馬，林鳳率眾退至亞格諾河口玳瑁島，馴服土人，築壘堅守，西班牙人圍攻了六個月之後，林鳳終於不支，率領餘眾逃到婆羅洲去。

林鳳這次南襲西班牙人所造成的結果是促成了西班牙人與明朝官員的初步接觸。當林鳳被圍困在玳瑁島時，明朝把總王望高追蹤到馬尼拉打探消息，西班牙總督得報，厚禮相待，並在次年派二人隨王望高前往福建，要求通商，得到明廷特許西班牙人到漳州通商。

林鳳敗亡之後，陸續還有一些武裝集團在台灣海峽上活動，如萬曆四十六年至四十七年（公元一六一八～一六一九年），袁進與李忠合夥，劫南澳一帶，一度退守台灣。又天啟二年（公元一六二二年），「辛老六等嘯聚萬計，屯據東番（指台灣）之地，占候風汛，揚帆入犯，沿海數千里，無不受害。」

但是，這類的海上勢力，初衷都是以劫掠為主，台灣本島對他們來說，也只不過是被用作棲息的場所和臨時的退路而已，從未真正打算長期經營。即使是後來傳說顏思齊或鄭芝龍曾經占有北港一帶，也未脫離這種性質，推測他們的動機仍然只是利用台灣作為在海上稱雄的基地。

【註釋】

1. 英文通稱古代中國的大帆船為junk，在中國現代語言中不容易找到適當的用詞來翻譯，許多人就直接按語音翻譯成「戎克船」。但是據福建一位史學家朱維幹先生的考據，junk

其實就是「艅」或「艚」兩字的諧音，閩南航行南北洋的船叫「南艚」、「北艚」。

2. 在荷蘭阿姆斯特丹的海洋博物館旁邊，停有一艘複製的十七世紀荷屬東印度公司的航船，遊客可登船體會當年的海上生活。但從船隻的結構來看，即使是當時造船技術大大超越了同期歐洲其他國家的荷蘭遠洋船，最多也只不過可容納一兩百人，並且只有兩層甲板和一個底艙而已。而船長和大副分別設在船首的私人房間，也只有小得不能再小幾乎容納不下一個人的矮小洗手間。
3. 本書作者在東非洲肯亞的港口城市蒙巴薩（Mombasa）的一所博物館也曾經見過不少這類的貿易瓷。
4. 關於禁海的命令，如洪武四年（公元一三七一年），朱元璋對大都督府說，「朕以海道可通外邦，故嘗禁其往來」；洪武十四年（公元一三八一年）又「禁瀕海民私通海外諸國」；洪武二十三年（公元一三九〇年）下令戶部「申嚴交通外（番）之禁」，因為「兩廣、浙江、福建，愚民無知，往往交通外番，私易貿易，故嚴禁之。沿海軍民官司，縱令私相交易者，悉治之罪」。
5. 明朝個別官方文獻曾經說他是福建人，但大部分文獻都說他是廣東饒平人，以他的名字判斷，應屬廣東客家人的成分居多。
6. 《中國與海外華人》一書中說，到一六〇〇年時，每年從福建開往馬尼拉所在的呂宋島的中國船隻超過了三十艘。但是，這一數字未包括從澳門駛向馬尼拉的船隻在內。
7. 從這些數字判斷，事實上馬尼拉在一六二四年荷蘭人占領台灣前夕的華人人口，可能已經比一六六二年荷蘭人撤出台灣時期的漢人人口還多了。估算荷蘭人撤出台灣時期的全島漢人移民人數也只有二、三萬人而已。
8. 據韓國Jangan學院英語教授Henny Savenije在其網站上提供的資料。他在其網站中提供了荷蘭人占領台灣時期英文與荷蘭文的一些寶貴文獻資料，並提供了其中一些荷蘭文獻的英文譯文。
9. 一六二五年十月二十六日荷蘭東印度公司平戶商館給阿姆斯特丹總公司十七人董事會的報告信。
10. 引一六二三年荷蘭平戶商館給占領澎湖的荷蘭艦隊司令雷約茲（Cornelis Reijersz）的信。
11. 引一六二三年住在日本的英國居民的通信。
12. 引一六二四年十二月十二日荷蘭派駐台灣第一任長官宋克（Martinus Snock）給荷蘭東印度公司十七人董事會的報告信，信中說鄭芝龍也可能是李旦的兒子。由於兩人並不可能有血親關係，因此比較可能的是李旦認鄭芝龍作了義子。證諸李旦的兒子李國助多年後指控鄭芝龍吞沒了他父親的財產，也可以從一個側面說明鄭芝龍與李旦之間曾經有過極為密切的關係。
13. 如鄭芝龍父親名「士表」，而《外記》卻稱「紹祖」；生母為「徐氏」，《外記》卻將後來掌管鄭氏家族海外貿易大權並且到過台灣與荷蘭人打過交道的「黃氏」當成他的生母；鄭芝虎是其二弟，《外記》卻當成三弟；鄭鴻逵與鄭芝鳳為同一人，《外記》也當成兩人看待。
14. 明季遺老黃宗羲的《賜姓始末》一書中曾提到：「初芝龍為盜也，所居泉州之東石。其地濱海有李習者，往來日本，以船舶為事，芝龍以父事之。習授芝龍萬金，寄其妻子（將妻和子交託給鄭芝龍），會習死，芝龍乾沒之（鄭芝龍把這筆錢吞沒了），遂招募無賴，為盜於海中，久之而所得不貲。」其中「李習」與「李旦」應為同一人，由此更證明李旦與鄭芝龍的關係。

15. 一種說法是，鄭芝龍可能因替李旦攜貨南下，為活動在台灣北港一帶的顏思齊一夥所劫，最後以千金向顏思齊贖貨，因此結識了顏思齊。另一種說法認為，顏思齊事跡與李旦過於類似，因此判斷其人是鄭芝龍為了掩飾他吞沒李旦財富的污名而虛構出來的人物，以表明他的財富是繼承「顏思齊」的事業而來。持後一說法的有台灣學者曹永和、黃典權和大陸學者張宗洽等。

16. 琉球甘藷是在一六〇六年從福建引進。

17. 在長崎，當地的閩南籍華僑則是與西洋商人比鄰而居。從長崎現在還保留的早期閩南人華僑建造的天后廟和興福寺、崇福寺等一些寺廟來看，都是散布在長崎港邊荷蘭人定居的出島鄰近，因此不能說在平戶的華僑是有意避開荷蘭人、英國人而自行居住。由於川內浦本身是一個良好的港灣，而且比平戶港港灣更大更深，從南方的中國過來，首先進入的就是這個港灣，因此可能在平戶港對西洋人開放以前，它就已經是中國華僑聚居和做生意的地方了。在川內浦海灣北緣進港處有荷蘭人商館倉庫的遺址，更可以推斷，在鄭芝龍的年代，已經有許多華僑商販和船員居住這裡，荷蘭人就直接在此處收購從福建過來的船隻所載運的貨物。

18. 據鄭克塽等所寫《鄭氏祔葬祖父墓誌銘》，換算陽曆為八月二十七日。

19. 鄭芝龍在離開日本後，雖然文獻上沒有有關他曾經回過日本的記載，但是田川氏後來又在鄭成功回國那一年年底生下了一個兒子——七左衛門，因此，鄭芝龍是有可能在這一年回去過日本的。由於清順治二年（公元一六四五年）七左衛門十五歲的時候，鄭芝龍派人將田川氏母子接回中國家門（但最後只有田川氏能夠成行），按照中國人當時的封建傳統和鄭芝龍本人的顯赫地位，如果七左衛門不是田川氏與鄭芝龍所生，鄭氏家族是不可能把他們母子接納回國的，因此判斷七左衛門當是鄭成功離開日本那一年年初，鄭芝龍重返平戶看望田川氏和鄭成功，並安排鄭成功回國之後所生的。不過，因為日本幕府方面的刁難，七左衛門最後還是未能與母親田川氏一起回到中國。據川口長孺的《台灣鄭氏紀事》，當田川氏次年在晉江安海（安平）為清軍辱殺而殉難之後，據稱七左衛門曾「詣江戶，請赴明戮力（鄭）成功，滅清以報仇」。

20. 據一六二四年二月二十日澎湖荷蘭艦隊司令雷約茲給東印度公司總督的信。

21. 《台灣外記》說鄭芝龍是與顏思齊在一六二四年中秋節前夕倉促逃離日本的，逃離的原因是因為他們想要舉事，推翻德川政權，但事機不密，怕日本人報復而匆忙逃離。後人也多附會這個說法。但是此說很不可信，因為日本三代將軍德川家光政權此時已經非常鞏固，而且當時日本統治者對可能威脅他們政權的因素，手段非常殘酷，例如他們對待天主教徒的手法極為殘忍，住在日本邊陲平戶島上的中國人不可能以在日的區區人數以卵擊石，對抗龐大的幕府政權。

第三章　佛朗機人來了

西方的歐洲從十五世紀以後進入了大航海時期。但是最早開始海外殖民經營的則是伊比利半島的一個小國葡萄牙。從葡萄牙到最後的大英帝國，中間經歷了四、五百年，西班牙、荷蘭等海上帝國穿插其間，都曾各領風騷，獨霸一方。而最早「發現」台灣的歐洲人就是從地球的另一邊來到東方的葡萄牙人。

葡萄牙是處於歐洲邊陲伊比利半島的一個小小王國，在十五世紀初期，也就是明朝初葉的時候，還是個人口僅有一百多萬人的國家。在鄭和第四次下西洋之後兩年，即在一四一五年，它的海軍跨過了直布羅陀海峽，占領了北非信奉回教的摩爾人（The Moors）在摩洛哥的重要港口休特（Ceuta），從此開始了長達五百多年的海外擴張和殖民時期。

葡萄牙先於其他西歐國家而向海外擴張，可歸因於三個主要因素：首先是它面向海洋和鄰近非洲的優越地理位置；其次是它逐漸發展起來的海洋貿易經濟，商人階層利用里斯本和波爾圖（Oporto）等重要港口城市投資海上貿易事業。但是沒有亨利王子（Prince Henry，約翰一世國王的兒子）的推動，上述兩項優勢也不可能得到發揮。

◆有「航海家」之稱的葡萄牙亨利王子，開啓了由葡萄牙人開始的歐洲人海上擴張歷史。

亨利王子的綽號叫「航海家」。一四一九年他被封為葡萄牙的阿爾加維（Algarve）省的總督。他醉心於發動新的十字軍運動，將北非的回教徒驅逐出去。他也希望在非洲找到天主教統治者，幫助他進行這場十字軍運動。更重要的是，他希望利用打擊回教統治者，取代他們長久以來所控制的香料貿易。

在中世紀，人們還沒有冰箱，肉類不是用鹽巴醃過就是讓它發臭。為了掩蓋醃肉味或是腐臭的味道，需要胡椒之類的香料。而當時胡椒是由遙遠的東方，透過阿拉伯人之手運到埃及，再由義大利人轉賣給其他的歐洲人。香料的價格比黃金還貴，亨利王子希望獲得這項利潤。他在阿爾加維省的港口城市薩格雷斯（Sagres）召集了科學家、船長交換海外知識，尋找新的航路和利用海員帶回的資料製作地圖。他自己還出資航海事業，提供稅收優惠政策和提供保險基金等——在現代被視為習以為常的商業獎勵辦法，在當時來說卻是極為了不起的做法。

在亨利王子的鼓勵下，葡萄牙人的船隻不斷沿著他們還一無所知的非洲西部海岸探索前進。到他一四六〇年去世時，這些船隻已經到達了幾內亞灣。不幸的是，在亨利的有生之年，葡萄牙人也開始在西非的村莊捕捉黑人，賣到歐洲市場，從此展開了使人類歷史蒙羞的長達四百年的黑奴貿易。

亨利王子去世之後，葡萄牙人繼續他的航海志業。一四五三年土耳其帝國崛起，占領了歐亞交界的君士坦丁堡（現在的伊斯坦堡），阿拉伯人居間的東西轉口貿易從此中斷，葡萄牙人更急於找到到東方貿易的新航路。一四八六年，狄亞士（Bartholeum Diaz）發現了非洲最南端的好望角。最後在十五世紀即將結束時，達伽瑪（Vasco da Gama）在一四九八年，繞道好望角，經過東非的蒙巴薩穿越印度洋，抵達印度的加利卡特，也就是一個半世紀前摩洛哥人巴圖塔看到了十三艘中國大帆船的港口。[1] 一五一〇年，葡萄牙史上著名的殘暴殖民者阿布克奇（Afonso de Albuquerque）占據了果阿（Goa，古稱臥亞），[2] 建立控制印度西海岸的據點；次年他又占領馬來半島的要衝麻六甲。從此，葡萄牙人順著數百年來中國人、阿拉伯人和南洋商人來往的航道，打開了歐洲從海上通往東方的通路。

◆葡萄牙人達伽瑪於十五世紀將要結束時，繞過非洲南端的好望角，因而打開印度航路。

◆公元一五一〇年葡萄牙人占領初期的印度果阿。

明朝丟掉了澳門

澳門是廣東珠江口的一個小半島，原屬宋代以來開始設縣的香山縣。在葡萄牙人到來以前，這裡是海盜出沒之地。明朝武宗皇帝正德八年至九年（公元一五一三年～一五一四年）左右，有一位葡萄牙商人奉麻六甲總督之命來到了廣東珠江口的屯門澳進行香料貿易，[3] 這是葡萄牙人到中國之始。其後在正德十年至十五年（公元一五一五～一五二〇年）陸續有葡萄牙使臣和商人抵達屯門島（今香港大嶼山）、廣州和泉州。一五二〇年六月至九月，葡萄牙使者的船隊因通商未果，在廣東東莞茜草灣與中國艦隊發生首次武裝衝突，最後葡人被打敗，這是中國與西方第一次出現的武裝對抗。

◆葡萄牙人占領初期的澳門。

世宗嘉靖五年（公元一五二六年），葡萄牙人再度到中國試探通商，這次他們避開了廣東，直接來到浙江寧波外海的雙嶼港，與中國私商私下通商。當時的雙嶼是個國際走私商港，住有倭夷（日本人）、馬來人、琉球人和暹羅人等，甚至還有來自東非洲衣索匹亞和印度的「黑鬼番」。

葡萄牙人在雙嶼一住就是二十二年，設有自己的政府，包括一名稽核官員和數名市政長官，甚至還有警官。另外還設有兩所醫院和一座慈善堂。

不過，這個走私貿易的天堂最後還是被明朝搗破。嘉靖二十七年（公元一五四八年），浙江巡撫兼浙閩海防軍務提督朱紈（音「完」）下令搗毀，全城付之一炬。次年正月，葡萄牙人逃到浯嶼（今金門）、月港（今漳州）。但是不久，葡人因侵占中國人財產事件，在漳州與當地官府又發生武裝衝突，結果再度受到驅逐，於是移師廣州外海的上川島和浪白澳，繼續其走私貿易。

這時，明朝海禁已經開始鬆弛，廣州允許外人在香山縣的浪白、蠔鏡（即澳門）、[4] 十字門，東莞縣的虎頭門、雞棲等海澳抽稅後貿易。如果外船等候季風，或貨物沒有賣完，也私下允許暹羅、安南等國「番人」上岸搭屋休息，等到貨物出手再拆除這些蓬屋駕船歸國。於是一個一個墟市在廣州外海各海澳逐漸形成。

葡萄牙人利用上川島和浪白澳與這些墟市進行貿易。然而，兩地由於交通不便，糧食用物補給困難，在嘉靖三十二年（公元一五五三年），他們藉口船隻遭到風浪，海水打濕「貢物」，要求在澳門借地暫時晾曬，還賄賂海道副使汪柏，並從開始時搭建草舍數十發展到建屋成村。在嘉靖三十四年（公元一五五五年）左右，浪白澳已經大約有四百名葡萄牙人居住。嘉靖三十九年（公元一五六〇年），許其享有某種程度的自治權，設立由地方長官、大法官與主教組成的自治機構。約在穆宗隆慶六年（公元一五七二年），在廣州交易會中，葡萄牙人在明朝官員出現場合，公開提起每年向中國海道交付地租五百兩白銀之事，這位海道不得不說要將這筆「地租」繳交國庫。從此，私下賄賂的款項變成了葡萄牙人借住澳門的地租，葡人更獲得了長期居留的藉口。另外，他們的商人在早一年還開始按明朝規定繳稅，由私商一躍而為合法商人，葡萄牙人在澳門的居留更獲得了相當程度的合法性。

◆穿著中國絲綢的葡萄牙商人。

在澳門的福建商人

葡萄牙人占有澳門以後，等於打開了對華貿易的門鑰，也等於開啟了對東洋、南洋和太平洋彼岸的貿易大門，從此在澳門－果阿－里斯本、澳門－長崎和澳門－馬尼拉－墨西哥航線上，來往穿梭，絡繹不絕，這就不能不引起其他歐洲人的眼紅。西班牙人、荷蘭人和英國人都紛起傚尤，同樣希望在中國沿海取得貿易據點。

嘉靖四十四年（公元一五六五年），在菲律賓的西班牙人派船占據了廣東虎跳門，被地方當局派兵焚燒了他們的據點。萬曆二十九年(公元一六〇一年）和三十一年（公元一六〇三年）荷蘭人范聶克（Jacob van Neck）和韋麻郎

（Wybrand van Warwijck），分別派出武裝船隊襲擊澳門，在遭到葡萄牙人擊退之後，韋麻郎敗退澎湖，占有澎湖一三一天，最後為明將沈有容趕出。英國人則先是在泰昌元年（公元一六二〇年）有商船首次開抵澳門，後來又在崇禎十年（公元一六三七年）派船強占廣州虎門砲台，遭廣東官吏開砲還擊，英方賠禮道歉了事。

在這些歐洲人當中，荷蘭人是最鍥而不捨的。在一六〇三年攻取澳門失敗後，在一六二二年又再度由艦隊司令雷約茲率員攻打。可是由於力量不足，這次的進攻也同樣遭致慘敗。不得已，雷約茲只好倣仿其前人韋麻郎，退而占據澎湖。但是誰也無法預料，雷約茲竟由於這次的行動，而在兩年後與明朝官員交涉退還澎湖的過程中，無意中換來了一個遠比澳門更不知好多少倍的另一個據點——台灣。這就是歷史的嘲弄。

由於澳門的開埠所帶來的商機，很自然地吸引了大批閩粵商人跑到這裡與葡萄牙人進行交易。葡人定居初期，當地居民除奴僕外，[5] 已超過一千七百戶人家，另外還有為數眾多往來日本、馬尼拉和印度支那的船員水手，因此也可以說有一番新的氣象了。

到崇禎三年（公元一六三〇年）時，福建商販在澳門的人數已多達兩三萬人。半島上「高棟飛甍，櫛比相望，閩粵商人，趨之若鶩」，「閩之奸徒聚食於澳，教誘生事者不下二、三萬人，粵之盜賊亡命投倚為患者，不可數計。」[6]

這些住在澳門的中國商販或明朝官員所稱的「奸徒」，主要是從事絲綢和瓷器貿易。萬曆十年（公元一五八二年）七月，兩艘滿載生絲的葡萄牙船駛離澳門前往日本長崎販貨，中途遇到大風，其中一艘在台灣附近遇難，滿船貨物沉入海底，船員獲救回到澳門。[7] 又萬曆三十一年（公元一六〇三年），荷蘭武裝船隊在麻六甲附近截獲一艘自澳門返國的葡萄牙船「凱薩琳娜號」（The Catharina），船上裝有將近六十噸約十萬件的青花瓷器，次年在阿姆斯特丹拍賣，轟動整個歐洲。從這兩個事例，可以了解葡萄牙人透過中國商販對日本和歐洲進行轉口貿易的內涵。而在澳門閩籍商人人數的龐大正足以說明，他們在葡萄牙人的對華貿易過程中所發揮的重要中間人地位。尤其是上述被荷蘭人截獲後來被稱為「克拉克瓷」（取葡萄牙當時的遠洋帆船通稱Carracks的發音）的瓷器，主要產地是在江西的景德鎮和福建的平和縣（鄰近漳州）。那麼，從生產、運銷到販售，實際上投入的福建人，特別是閩南人就更不知有多少了。

在這些福建人當中，有一位叫黃程的，就是後來開闢台灣的鄭芝龍的舅

◆被明朝福建商人稱為「克拉克」的葡萄牙遠洋三桅帆船（carracks）。

父。傳說，鄭芝龍十八歲時到澳門投靠了這位舅舅，在澳門住了一年多，後來並為他帶貨到平戶。由於這段淵源，才有日後與在平戶的閩南商人李旦和傳說的顏思齊等人在台灣打江山的一番創舉。同時，直到鄭芝龍為清朝劫持軟禁北京城為止，他利用閩南的地理優勢與澳門保持貿易聯繫的行動也一直沒有中斷，即使是在荷蘭人占領台灣期間與荷蘭人定有專門對其供應對日貿易商品的協議，他也沒有停止與荷蘭人的死敵葡萄牙人和西班牙人的秘密合作，利用他的船隊把澳門貨物運往日本，再把日本貨物運到呂宋賣給西班牙人。從一六四一年到一六四六年期間，鄭氏商船往來大陸沿海、日本、台灣、呂宋、澳門之間，絡繹不絕，數量超過荷蘭船數倍之多。可以說，在明朝末季，從南洋到日本，閩南人海上商業勢力的勃興，與澳門葡萄牙人的存在，是不無關係的。

西洋火器傳到了日本

日本天文十二年八月（明嘉靖二十二年，公元一五四三年）八月底，日本九州南方的種子島海邊漂來了一艘中國帆船，船上有三個鼻子高高的人，穿著燈籠一樣的褲子，上身是五顏六色的短衫，嘴巴講著奇怪的話語。島上的村民

◆十七世紀的日本南蠻屏風，描繪了穿著燈籠褲的葡萄牙人在日本活動的歷史記錄。

對他們抱著懷疑和敵視的態度。

陪著這些人上岸的，有一位叫王直的中國人。他會講日本話，他向村長解釋說，這些人來自遙遠國度，他們只是來日本做生意，並不是要來傷害他們。

來到種子島的這些人就是住在暹羅的葡萄牙人。因為從南方過來，所以日本人就稱為「南蠻人」。他們帶去了日本人從來沒有看過的一種武器，長兩、三尺，黑黑的，前端像管子一樣。這就是改寫了日本戰國歷史被日本人稱為「鐵砲」的長槍。

日本人很快從葡萄牙人學會了使用和製造「鐵砲」的技術。十二年後，在軍閥混戰當中取得優勢的武田信玄已經至少購得三百枝這種槍枝。又二十年，織田信長和德川家康聯軍的三千鐵砲軍在東方戰爭史上首先使用長槍作戰，在「長篠（音「小」）之戰」中一舉擊敗武田信玄的兒子武田勝賴的著名馬隊，擊斃武田將士一萬多人。武田信玄家族二十七代四百九十年的基業自此煙消雲

把佛朗機人引薦給倭人的一位中國「海盜」

葡萄牙人到中國初期，最早接觸的私商當中，有一位叫王直(也有史書稱「汪直」)的安徽歙縣人。據說他在嘉靖十九年（公元一五四〇年）曾經到廣東造船，裝載火藥、生絲等到日本、暹羅等地往來互市，成為巨富，並因此在暹羅結識了葡萄牙人。

他是在日本天文十一年（明嘉靖二十一年，公元一五四二年）開始與平戶貿易的。平戶松浦藩主的家史註解上說，道可隆信（松浦隆信）（公元一五四一～一五六八年）優厚對待，成為平戶對海外貿易的端緒。王直還在島上勝尾山東麓蓋了一所漂亮的中國式房子居住。

第二年八月，由王直陪伴從暹羅前往澳門的三名葡萄牙人所搭乘的中國帆船，被颱風吹到了九州南方的種子島，這是日本人初次接觸到歐洲人，雙方語言不通，就由王直擔任翻譯。葡萄牙人在這次的遭遇當中將西洋火器（日人稱為「鐵砲」，也就是長槍）介紹給了日本人。

隨著王直的到來，平戶開始繁榮起來，中國商船來往不絕，葡萄牙人（「南蠻」）的珍品年年充斥，因而京都、堺（音「界」）港（大阪旁邊的港市）等各地商人，雲集此地，人們稱作西都。

王直在日本居住十幾年，擁有數千部眾和許多大海船，日本人稱他為「唐人海賊王」，中國人把他當成倭寇頭子。明人萬表說他「據薩摩洲之松浦津……自號徽王」，「而三十六島之夷，皆聽其指使」。

◆在平戶港邊的王直塑像。王直與三名葡萄牙人由於船隻遇到颱風，因而把他們帶到了日本。

滅，但也奠定了德川此後統一日本的大業基礎。

更重要的是，鐵砲引進日本之後，改寫了東亞歷來由中國所主導的軍事態勢，日本開始轉變其歷史上師崇中國的心態，起而想要成為與中國平起平坐甚至併吞中國的區域霸權。這種轉變具體表現在織田信長一五八二年遇刺身亡之後，掌握日本實權的豐臣秀吉及後來的統治者對外擴張的行動上面。一五九〇年豐臣秀吉統一了日本之後，志得意滿，野心勃勃。他看出了明王朝的政治、經濟和軍事弱點，打算從征服朝鮮開始，作為跳板，進一步征服中國。明萬曆二十年（公元一五九二年）和二十五年（公元一五九七年），日本跨出了歷史上對外侵略擴張的第一步，先後兩次出兵侵入朝鮮，明朝派出的援軍以弓箭長矛對抗配備現代化洋槍的日本精銳侵略部隊，[8] 最後由於天候始終不利日軍使用火槍，加上豐臣秀吉本人病死，這兩次的侵朝軍事行動才沒有達到預期的結果。

豐臣秀吉又在一五九三年發出招諭文書，要求台灣的「高山國王」向他進

嘉靖二十八年（公元一五四九年），他率領倭寇，劫掠中國沿海；嘉靖二十九年、三十年，火併華人海盜集團，勢力更銳不可當，「由是，海上之寇非受王直節制者，不得自存」。

他勢力坐大以後，起初還希望朝廷寬恕其罪並給他封賞，但是事與願違，遭到參將俞大猷統舟數千圍攻。他突圍回到日本，積蓄力量後，又糾集「島倭」，侵犯上海及其近郊的松江。接著又犯江浙沿海，從江蘇太倉（當年鄭和下西洋的出發港口）侵入蘇州。

明朝上下在無可奈何之下，最後是由浙江巡撫胡宗獻以高官厚祿計誘他回國。他上書朝廷，強烈要求開放海禁，並給他大官職務。胡宗憲假意承諾上請朝廷，在密調戚繼光等將士潛伏水陸要害之後將他逮捕。王直被捕後於嘉靖三十八年（公元一五五九年），斬首於杭州官巷口。妻子沒入功臣家為奴。他死後，餘黨不平，繼續犯亂，結合倭寇南下不斷騷擾福建、廣東沿海。明朝官員徐光啟為他發出不平之鳴說：「王直向居海島，未嘗親身入犯，（可）招之使來，量與一職，使之盡除海寇以自效」。日本人對王直其人非常敬重。至今，平戶島上仍保留其故居遺址。公元二〇〇〇年為了紀念日本與荷蘭交流四百年，在平戶港邊松浦史料博物館前，樹起了他和第一位到日本傳播天主教的耶穌會教士沙勿略（Francis Xavier）、德川家康的外交顧問阿當姆斯（三浦按針，William Adams）、原荷蘭平戶商館館長斯佩克斯（Jacques Spex，後在一六二九～一六三二年期間擔任巴達維亞荷蘭東印度公司總督）和英國平戶商館館長考克斯（Richard Cocks）等人的塑像，以紀念這些打開日本同外頭世界交往的人物。

◆在豐臣秀吉侵略朝鮮的戰爭中，明軍出兵幫助朝鮮抵抗侵略者，當時的明軍仍舊使用弓箭長矛對抗日軍的西洋火器。

貢。[9] 萬曆三十七年（公元一六〇九年），德川家康派出九州鹿兒島薩摩藩島津家九率領三千士兵占領琉球，把琉球變成屬地，而後又令九州島原（在長崎之東島原半島上的城市）藩主有馬晴信駕兵船遠征台灣。不過，有馬晴信抵達台灣時，遭到了先住民的強烈抵抗，人員損失不少，只好抓了幾名土著返回日本。

接著在萬曆四十四年（公元一六一六年），長崎代官（相當於現在的市長）村山等安又奉德川家康之命，由他的兒子村山秋安率船十三艘，動員二、三千人進剿台灣。這次是船隻過琉球海邊時被暴風雨打散了，只有一艘抵達台灣，同樣遭到島上土著的強烈抵抗，船上兵士全部被殺。

日本的這些行動，預示著早在鄭芝龍與荷蘭人抵達台灣之前，台灣海峽上空已經風暴欲來，只有明朝上下仍渾然不覺。即使沒有荷蘭人的搶先占領，台

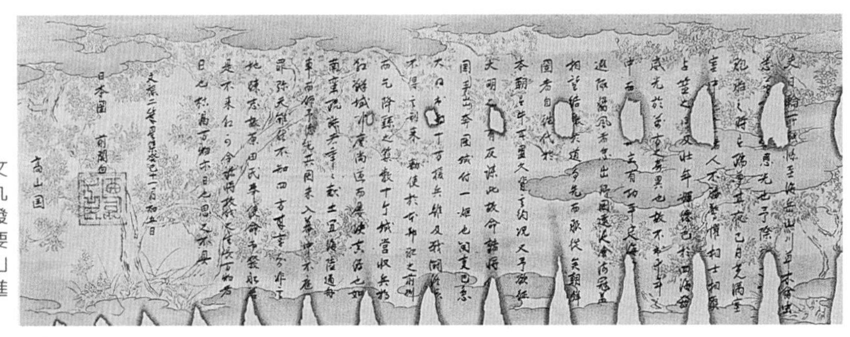

◆高山國招諭文書。公元一五九三年豐臣秀吉發出招諭文書，要求台灣的「高山國王」向他進貢。

灣遲早也會成為日本或歐洲其他新興強權的囊中之物。

初見可愛之島

葡萄牙人跟著王直到過日本之後，船隊從一五五一年開始陸續開到豐後（今九州大分縣）進行貿易，這段期間他們從澳門直航或從印度的果阿北上日本時，偶然經過台灣看到了蒼鬱美麗的寶島，忍不住讚嘆不已，稱為「福爾摩沙」（Ilhas Formosa），意思是「可愛的地方」（lovely, handsome），[10] 被葡萄牙人僱用的荷蘭籍航海官——林士登（Linschoteen）記了下來，從此Formosa之名就在西洋人當中傳了開來。但是，葡萄牙人當時志在對華和對日貿易，因此雖經過台灣海峽，並未進入台灣島。

嘉靖三十三年（公元一五五四年），I. Formosa的名稱出現在葡萄牙人羅伯・歐蒙（Lopo Homem）的地圖上。一五五八年，他兒子狄亞哥・歐蒙（Diogo Homem）的地圖也標上I. Formosa。

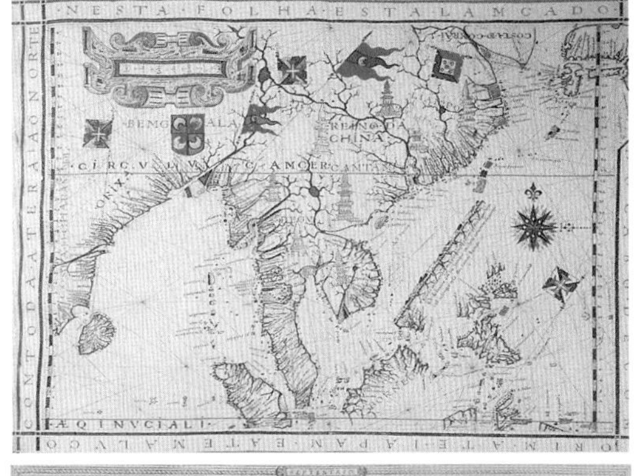

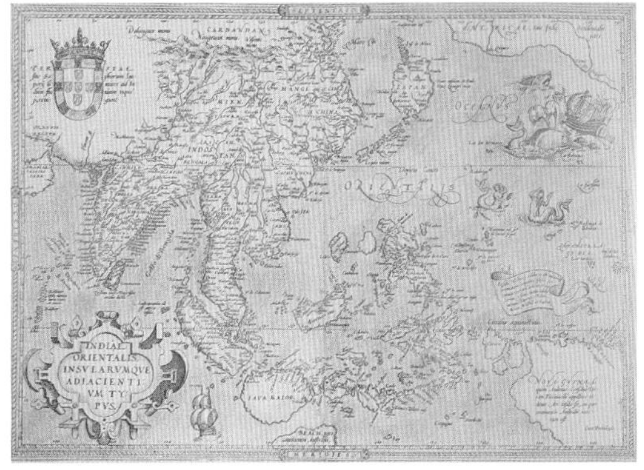

◆公元一五七一年葡萄牙人出版的亞洲地圖。台灣島被用紅色、金色和藍色的斷續島塊標示。（上）

◆荷蘭人於公元一五七〇年左右出版的地圖，把台灣放在大、小琉球之間，並且使用葡萄牙人的Fermosa（福爾摩沙）稱呼。（下）

至於荷蘭人方面，到十六、十七世紀之交，經過荷蘭航海家的積極探索，已經很快增加了他們對東方的了解，一五七〇年出版的荷蘭地圖開始出現了台灣，並按照葡萄牙人的提法稱呼為Formosa。初期，對台灣地理位置的標示並不準確，並且放在大、小琉球之間。到一五九六和一五九八年出版的地圖則改用斷斷續續的島塊標示，荷蘭第一位繞道南美洲南端經太平洋環球一圈的航海家范努爾特，據說就是帶著一五九八年製作的地圖來到東方的。

【註釋】

1. 達伽瑪回到葡萄牙以後，受到了英雄式的歡迎。他帶回了胡椒、肉桂、丁香、生薑和肉豆蔻的樣品。但是他在一五〇二年第二次回到印度加利卡特時，遇見了印度回教徒到麥加朝聖的一艘船隻。他把這些回教徒通通殺死，並在加利卡特港外把抓獲的大約八百名摩爾人的耳朵、鼻子和手剁掉。他的宗教恐怖手段在後世葡萄牙人和西班牙人的殖民統治中不斷被沿用。

2. 美國的新墨西哥州首府阿布克奇市即是以他的姓氏命名。對於這次的占領，他在給葡萄牙國王的信中寫到：「然後我燒掉了整個城市，見人就砍，幾天幾夜，人們的血不斷流著。回教徒不管在哪裡被找到和抓到，一個活口都不留，他們的清真寺被死人塞得滿滿的，最後放火燒掉。算算屍體，有六千具之多。」
3. 根據一九九九年《人民日報》為紀念澳門歸還中國，而在網際網路上持續刊登的「澳門歷史」專欄中「葡萄牙同明朝的早期關係」篇章。以下有關葡萄牙人占領澳門的大致經過，均根據這一專欄資料。這一專欄應為集體執筆之作，對澳門的歷史作了詳細的考據說明。
4. 澳門原有蠔鏡、濠鏡、海鏡、香山澳和蓮花洲等名稱，葡萄牙人抵達以後，稱為Amacauo、Amaquo、Amachao、Machoam和Maquao等，據稱是取自當地媽閣廟（媽祖廟）的諧音。
5. 據曾經在澳門住過的耶穌會教士利瑪竇（Matteo Ricci）的描述，當時澳門葡萄牙人家庭均畜有非洲男性黑奴，每一家庭平均五、六個之多。黑奴與普通居民的人數比例為五比一左右，不少黑奴曾經逃離澳門，尋求中國軍官庇護。另外有些黑奴與澳門當地中國女子生下混血小孩，教育他們講中文和葡萄牙語，以便可以在中國人或葡萄牙人家庭繼續充當奴役。
6. 至今澳門靠近珠海的隆都村村民仍然說閩南話。
7. 耶穌會教士阿朗索・桑傑士（Alonso Sanchez）當時也在這艘船上，對此次船難有詳細的描述。他說，葡萄牙人雖到日本已有四十年，但從未到過台灣。船難發生後，有些人溺斃了，他與船員游到岸上，見到一些裸體土人帶弓箭出現，但不發一言，也不傷人，只是把船員搶救到岸上的貨物拿走。不過，後來土人還是利用夜晚襲擊了他們，殺死了幾個人。最後他們利用破船板造了一艘小船，全船二百九十多人擠在這艘小船上，回到了澳門。總計他們在台灣停留了四、五個月。
8. 相對而言，明朝早在嘉靖二年（公元一五二三年）擊敗葡萄牙人入侵廣東新會的行動中，就已獲得了他們的大砲，嘉靖九年（公元一五三〇年）更開始仿造。但是明軍武器的現代化行動卻無疾而終，直到明末滿洲人入侵時，才要求在澳門的耶穌會教士攜帶紅衣大砲北上，助他們對抗韃靼人。
9. 豐臣秀吉在萬曆二十一年（公元一五九三年）派遣部屬原田孫七郎前往菲律賓，勸諭西班牙總督向他納貢，並訓令原田孫七郎攜帶招諭文書，在經過台灣時叫「高山國王」前往日本進貢。結果如何不得而知，但大概是不了了之，因為當時台灣到底有沒有「高山國王」都還說不上，有的只是不相統屬的許多先住民部落的酋長而已。豐臣秀吉在這篇招諭文書中說：「原田氏奉命而發船，若是不來朝，可令諸將攻伐之，生長萬物者日也，枯竭萬物亦日也，思之不具。」
10. Formosa是當時葡萄牙人看到一個可愛的地方的稱呼。在台灣，一般人習慣稱為「美麗之島」。不過據本書作者向葡萄牙人和曾經一度為葡萄牙人占領的巴西當地人（講葡萄牙語）考證，以「可愛之地」譯稱似乎更為貼切。

第四章　從太平洋過來的西班牙人

◆西班牙早期一個海港的圖畫。公元一四九二年西班牙完成統一後，航海事業大步發展。

原來是分屬幾個獨立小王國的西班牙，由於卡斯提（Castile）的女王伊莎貝拉（Isabella）和阿拉岡（Aragon）國王斐迪南（Ferdinand）的婚姻結合，在明朝憲宗成化十五年（公元一四七九年），達成了初步的統一。

在明孝宗弘治五年（公元一四九二年）一月，伊莎貝拉女王由其王夫斐迪南的全力配合，身先士卒，以戰爭的勝利征服了長期占領西班牙南部的摩爾人回教王國格林納達（Granada），完成了國家的完全統一。為了保護得來不易的統一局面和將天主教定於一尊，三個月後，伊莎貝拉下令驅逐居住西班牙的十七、八萬名猶太人。在此之前，又向羅馬教皇西克圖司四世（Sixtus IV）請求恢復盛行於中世紀的宗教審判，全力排斥和打擊異教徒。

同年，在宗教狂熱和與葡萄牙競爭海外財富的動機驅使下，伊莎貝拉批准了義大利人哥倫布（Christopher Columbus）西向尋找亞洲新航路的計畫。但是，哥倫布沒有找到亞洲，反而在這一年十月來到了巴哈馬群島和大安第列斯群島（現在的古巴及海地和多明尼加）。[1] 他回到西班牙以後堅稱已經到達了印度，把當地的土著稱為印第安人。

此後，哥倫布回到加勒比海幾次，並在當地建立了西班牙殖民地。最後一次是在一五〇二年聖誕節的時候，航行到現在巴拿馬運河的進口處，但是，並沒有找到通往太平洋的航道。一五〇六年他在西班牙悄然去世。

從十六世紀開始，西班牙人加快了殖民美洲的步伐。除了巴西已在一五〇〇年為葡萄牙人占領外，他們占有從現在美國的加利福尼亞、佛羅里達到阿根廷的廣大地域，並開始了對這些屬地的大規模資源掠奪，大批黃金和白銀被運回本國，用於維持對外的征戰。

明武宗正德十四年（公元一五一九年）九月，葡萄牙人麥哲倫（Ferdinand Magellan）在西班牙國王查爾斯五世（Charles V）的支助下，率領五艘船隻和二七〇名人員離開了西班牙，試圖沿著南美洲東岸南下，尋找到東方的航道。在一艘船沉沒和另一艘船擅自離隊之後，船隊在一五二〇年十一月終於首次繞過南美尖端，後來以他的姓氏稱呼的海峽，抵達太平洋。再經過四個月的航行，於次年三月二十八日航抵現在的菲律賓。不久，麥哲倫捲入當地土著的爭執，遭到殺害。剩下的一一五名船員後來集合在兩艘船上，於五月一日離開了菲律賓，向南航行，最後在十一月抵達了已經為葡萄牙人占領的摩鹿加群島（因盛產香料，俗稱「香料群島」）。

在滿載了香料之後，為防葡萄牙船隻的襲擊，兩艘船分手按相反方向航行。向東的一艘試圖從太平洋回國，但還是躲不掉葡萄牙人，船隻被搶走，船員大部分被害。向西穿越印度洋回國的一艘——「維多利亞號」（The Victoria），則幸運地躲過了對方，經由南非好望角，在翌年九月回到了西班牙。它成為世界上第一艘環繞地球一圈的航船。來回三年的行程，回到西班牙時，船員只剩下了十八人。

繼麥哲倫之後，西班牙人陸續嘗試幾次從太平洋前往菲律賓，但不是遭到葡萄牙人伏擊，就是因為太平洋風向的關係，不得不繼續往西繞道好望角回國。直到菲利普二世（Phillip II）當政以後，才完成了殖民菲律賓的歷史大業。

從墨西哥到馬尼拉的海上通道

菲利普二世在公元一五五六年（明嘉靖三十五年）登基王位的時候，正是西班牙國力開始慢慢由盛而衰的時期。由於在海外的無限擴張和為了維持德國、奧地利、荷蘭、比利時等構成「神聖羅馬帝國」的廣大地域的宗教和社會秩序，國庫已經破產。[2] 出於經濟的需要和傳播天主教的狂熱，他下令新西班

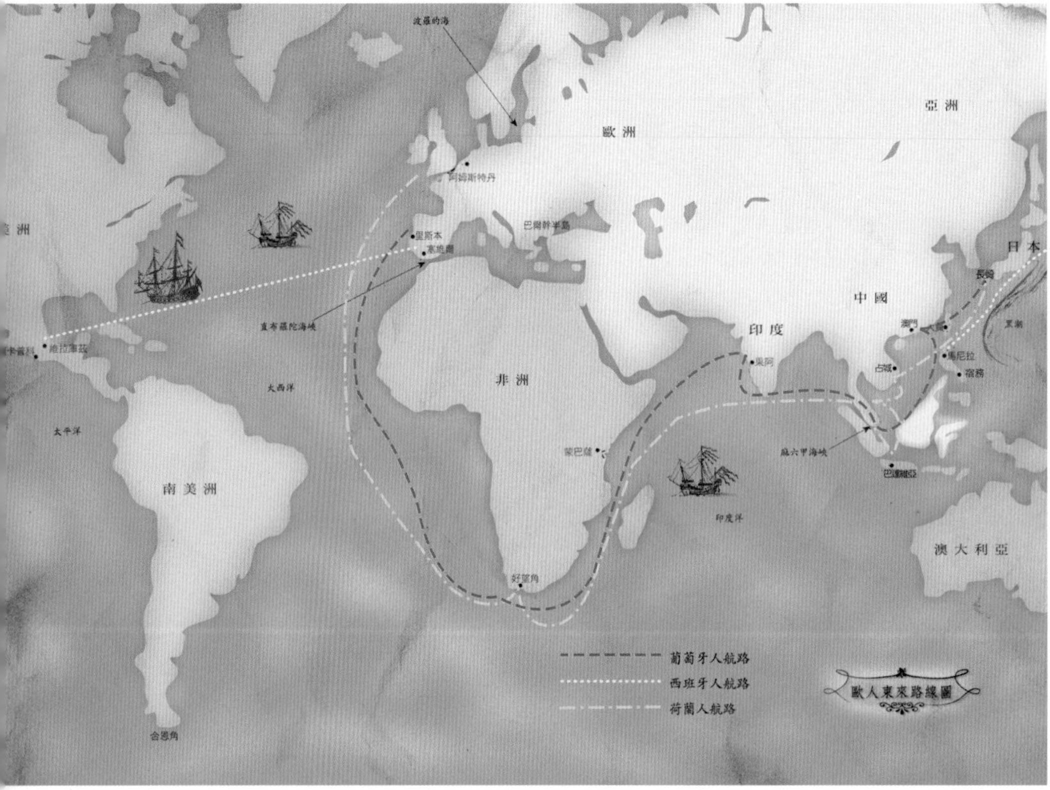

波羅的海
歐洲
亞洲
阿姆斯特丹
里斯本
巴爾幹半島
直布羅陀海峽
大西洋
太平洋
非洲
南美洲
印度
中國
日本
長崎
澳門
馬尼拉
宿務
占城
麻六甲海峽
巴達維亞
蒙巴薩
印度洋
澳大利亞
好望角
合恩角
葡萄牙人航路
西班牙人航路
荷蘭人航路
歐人東來路線圖

◆歐人東來路線圖。

牙（現在的墨西哥）的總督殖民菲律賓。從墨西哥出發的船隊，在一五六五年四月抵達了菲律賓中部的宿務後，即開始尋找利用順風返回的路徑。經過摸索北向，超越太平洋的常年逆向風帶後，終於在與日本相當的緯度，找到了回程的順風，並一路順著黑潮抵達了現在美國的加州海岸，而後南下，在十月份回到了墨西哥的阿卡普科（Acapulco）。這條路徑的發現，等於是找到了西班牙同東方貿易的鑰匙，西班牙人把它一直維持到一八一五年為止，時間前後長達兩百五十年。

在發現宿務不適於作為殖民總部之後，西班牙人在一五七一

◆據福建泉州海外交通史博物館估計，公元一六〇〇～一七二九年間，福建商人每年從馬尼拉運回的墨西哥銀元即達二百至四百萬元之多。

年（明穆宗隆慶五年）轉移到了呂宋島上的馬尼拉。

一個偶然的遭遇，打開了西班牙人與中國私商的貿易。

就在西班牙人轉到馬尼拉的那一年，一艘到菲律賓貿易的中國舢舨帆船在菲律賓外海沉沒，數名落難的中國水手被救了起來。第二年，知恩圖報的那些中國人滿載了一船絲綢和其他中國商品回到馬尼拉送給西班牙人。受寵若驚的西班牙人急忙派遣一艘船隻把這些貨品運回墨西哥，著名的太平洋貿易就這樣開始。[3] 馬尼拉變成了南洋群島和中國的貿易中心。被稱為「財寶艦隊」

墨西哥銀元的故事

為了充實國庫和償還國債，西班牙人到南美洲後，就拚命開採黃金白銀，把當地的資源洗劫一空。到了菲律賓後，發現中國人對白銀有無窮的胃口，更是不斷補充中國人的這些胃口，使中國有充裕的白銀去應付萬曆皇帝的無盡揮霍，包括建造巨大的墓室，使自己死後能夠在金銀財寶堆中受後世膜拜。但到頭來，只是一場幻夢而已，留給後人的只剩下今天在長城腳下一個空空洞洞的「定陵」墓穴。

西班牙人到底從南美洲給中國人送去了多少白銀，沒有人可以準確計數，但是一五八七年被英國人在太平洋上搶走的一艘西班牙大帆船上，其絲綢的價值就等於三十噸白銀。這些白銀換來了中國商業經濟的繁榮，尤其是萬曆九年（公元一五八一年）張居正宰相推行「一條鞭」法後，更是如此。不過，在進入十七世紀荷蘭人和英國人貿易商抵達南洋搶奪中國貨源以後，西班牙人的壟斷優勢就漸漸消失了。

西班牙的白銀來源主要是墨西哥和玻利維亞的銀礦。工作條件是非人道的，對當地的土著造成了滅絕性的摧殘。白銀開採後，鑄造成銀元，俗稱墨西哥銀洋，在中國一直流行到十九世紀。

至於在十七世紀後來居上的荷蘭人，到台灣後也是以銀幣對中國人交易。他們使用的銀幣單位叫「里爾」，是西班牙銀元的八分之一價值。這種銀幣的來源是荷蘭人與西班牙人在歐洲的交易。後來荷蘭人也使用等重的白銀與中國人交易，也稱為「里爾」。在十七世紀日本德川幕府自行開發銀礦以後，銀產量激增，荷蘭人也從日本人手中購買白銀與中國人從事交易。

◆本書作者家傳的墨西哥銀元。（正、反兩面）

（Treasure Fleet，又稱「中國船」，naos de la China）的西班牙帆船穿梭於馬尼拉和阿卡普科之間九千海里的航路上，帶去的是中國的貨物、南洋的土產和印度的棉布，帶回的是墨西哥鑄造的銀元。太平洋的航道，變成了西班牙在美洲殖民地的生命線。

船隻回到阿卡普科後，卸下的貨物，有的運到南美洲各地消費，有的由騾子載運，穿越崎嶇艱險無比的山區，運到靠近大西洋岸的賈拉帕（Jalapa）集市換取歐洲來的貨物和墨西哥的金銀，最後在維拉庫茲（Vera Cruz）裝船運回西班牙，完成全球貿易的循環。

總計兩百多年之間，在這條航道上來回的西班牙大帆船可謂不計其數。當中有四十艘因為風暴或其他原因長眠海底。因為食物、飲水耗盡而餓死、病死的船員更不知凡幾。十七世紀中期，一艘西班牙船在阿卡普科見到有艘大帆船在墨西哥海岸外漂蕩，最後發現是一年多以前從馬尼拉出發的船隻，沒有了生命的一個個軀殼，點綴在滿船的絲綢貨物當中。「可憐濤濤海上骨，猶是春閨夢裡人」，這正是他們的寫照。

但是，即使是有這樣那樣的風險，巨大的利益仍然驅使著西班牙王室、教會和商人不斷參與派出船隻。直到十九世紀初期，拿破崙的軍隊入侵西班牙和墨西哥爆發革命後，才結束了人類史上首次的太平洋貿易。

撇開西班牙人在南美洲大陸的野蠻殖民不談，太平洋貿易航路的打通，為東方和美洲世界打開了首次接觸，遠在美國開國之前，菲律賓和中國移民已開始移殖南美洲，而今天這兩個民族仍然構成北美洲亞洲人移民的主體；中國瓷器、絲綢和南洋香料也融入南美洲人民的生活當中，墨西哥人的辛辣食物就是使用南洋香料的結果，他們衣服上的刺繡則是從中國人傳過去的。[4] 一六〇九年，日本首度利用英國人威廉・阿當姆斯（三浦按針）建造的大船橫跨太平洋，抵達墨西哥進行貿易，這是亞洲國家最早派人到美洲從事生意往來。

處在西、日摩擦夾縫中的台灣

馬尼拉成為全球貿易的中心以後，形成了一個華洋雜處的社會，中國商人和海員不斷從閩粵兩省湧入。另外還有大批日本人到來，從事日本對西班牙人的貿易。到明朝光宗泰昌一年（公元一六二〇年）時，這裡已經有了兩萬名菲律賓人、一萬六千名華人、三千名日本人。相對的，由於，殖民地幅員的分散和人口的短缺，居住在馬尼拉的西班牙人只有二千四百人而已。人數上的劣勢使得西班牙統治者長期處在不安全的感覺之中，不僅對中國人如此，造成了數次大屠殺，而且對日本人也更是提心吊膽，從而促成了他們有意取得台灣，從地緣優勢上防止馬尼拉受到日本攻擊的意圖。

在西班牙人到達馬尼拉之前，日本人就已經到了菲律賓。明朝嘉靖年間，流竄中國沿海的倭寇顯然有一部分到了呂宋島。在西班牙人抵達馬尼拉不久，他們驚訝地發現，呂宋島的卡加延河（The Cagayan River）的河口住有一些日本人。這些日本人不久都被集中到馬尼拉與華人比鄰而居。

萬曆十年（公元一五八二年），一位西班牙船長從澳門出航，途中經過台灣海峽，聽到船上的中國船員這樣描述被西班牙人稱為Hermosa（與英語的handsome即可愛、漂亮一詞意義相近）的台灣：「島上的人民經常駕駛小舟，攜帶小鹿、鹿皮、沙金和精細工藝品，運往中國海岸。」萬曆十四年（公元一五八六年），為了傳教和保護菲律賓的安全，西班牙人建議菲利普二世出兵占領台灣。

萬曆十二年（公元一五八四年），一艘西班牙大帆船迷航漂到平戶島。一五九二年，菲律賓總督的特使科博（Juan Cobo）從馬尼拉抵達日本，不久在日去世。翌年另有擔任特使的四名西班牙方濟各會教士（Franciscans）在到達日本後，在京都、大阪和長崎公開傳播福音。

萬曆十八年（公元一五九〇年），豐臣秀吉向葡萄牙駐印度臥亞總督發出國書，要他入貢。萬曆二十一年（公元一五九三年）又遣部屬原田孫七郎前往菲律賓要西班牙總督進貢，並在經過台灣時叫「高山國王」納貢。豐臣的舉動，引起了西班牙人的警惕。

一五九六年，另一艘從馬尼拉前往墨西哥阿卡普科的西班牙貿易船「聖菲利普號」（The San Felipe）漂到了四國島的土佐國（現高知縣），船上的貨物立即被豐臣秀吉下令沒收。這條船的領航員因為自己的貨物也在被沒收之列，相當不滿，據說曾揚言西班牙將要征服日本。在日本官員進一步詢問西班牙如何征服海外殖民地時，他又誇稱過程相當簡單，首先是派出傳教士，接著是派出軍隊，最後才是貿易商。這種說法激怒了豐臣秀吉，下令在日本全面禁教，[5]有二十六名教徒被處死。

豐臣秀吉的舉動使西班牙和日本的關係一下子緊張起來。「聖菲利普號」的船長藍德喬（Mathos de Landecho）回到馬尼拉後，向新任總督古佐曼（Francisco Tello de Guzoman）建議占領台灣一個港口，作為侵擾日本的前進基地。古佐曼本人這時也向菲利普二世去信指出，日本人有攻取台灣的可能。恰好前任總督達斯馬里納斯（Don Luis Dasmarinas，也就是一五九四年

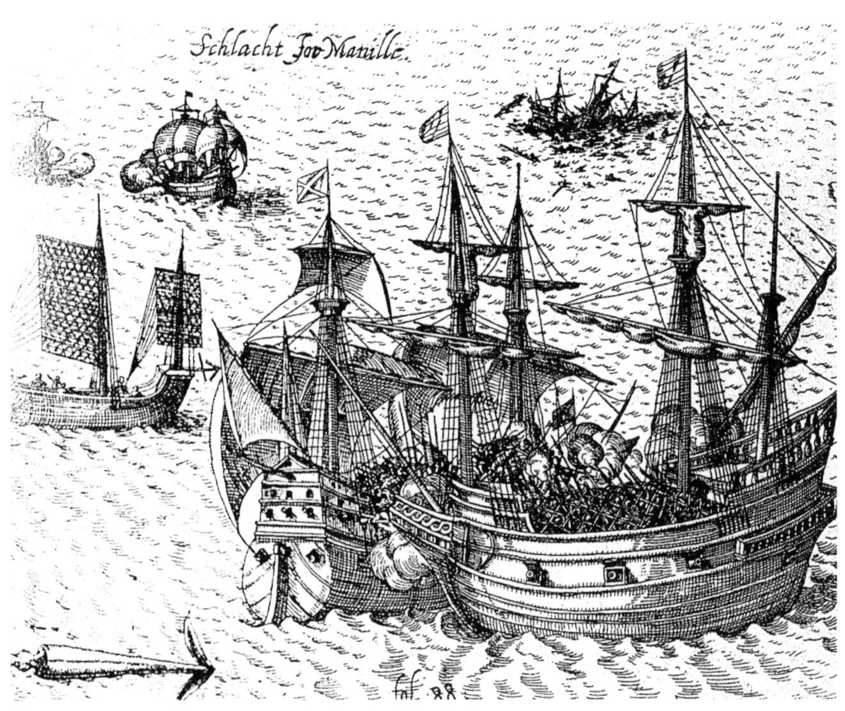

◆西班牙人與荷蘭人的船隻交戰，旁邊有一艘被西班牙人找來助戰的中國帆船。

被一位中國船員刺殺的總督的兒子）從日本西班牙傳教士處獲悉豐臣秀吉有意占領台灣的情報，更深感台灣的重要性，於是在一五九七年六月二十七日的最高軍事會議上力主派遣台灣遠征軍。

這些征台之議終於醞釀成熟，萬曆二十六年（公元一五九八年）夏天，在薩瑪第奧（Don Juan de Zamadio）的率領下，兩艘兵船，共有兵員兩百多人，從菲律賓出發往征台灣，但是剛好碰上季風季節轉換，啟程後遇到逆風，終於無功而返。不久，豐臣秀吉病死了，繼起的德川家康鼓勵日本人對外通商，日本和西班牙人的關係於是緩和了下

◆荷蘭人范努爾特率領艦隊繞道南美從太平洋航抵馬尼拉。

來，西班牙人的第一次征台之議也就無形中打消了。

但是，這時東亞的局勢已經丕變。在即將進入十七世紀的一六〇〇年（明萬曆二十八年）十月，荷蘭人范努爾特（Olivier van Noort）率領的一支艦隊，循著西班牙人的航道，從太平洋的彼岸悄悄來到了菲律賓，兩個月後在馬尼拉港擊沉了升船待發等待返回墨西哥的西班牙船「聖地牙哥號」（The San Diego）。一個由荷蘭人加入角逐東亞貿易和霸權的時代，為十七世紀的到來揭開了序幕！

◆范努爾特於公元一五九八年的環球航行中，所使用的地圖。

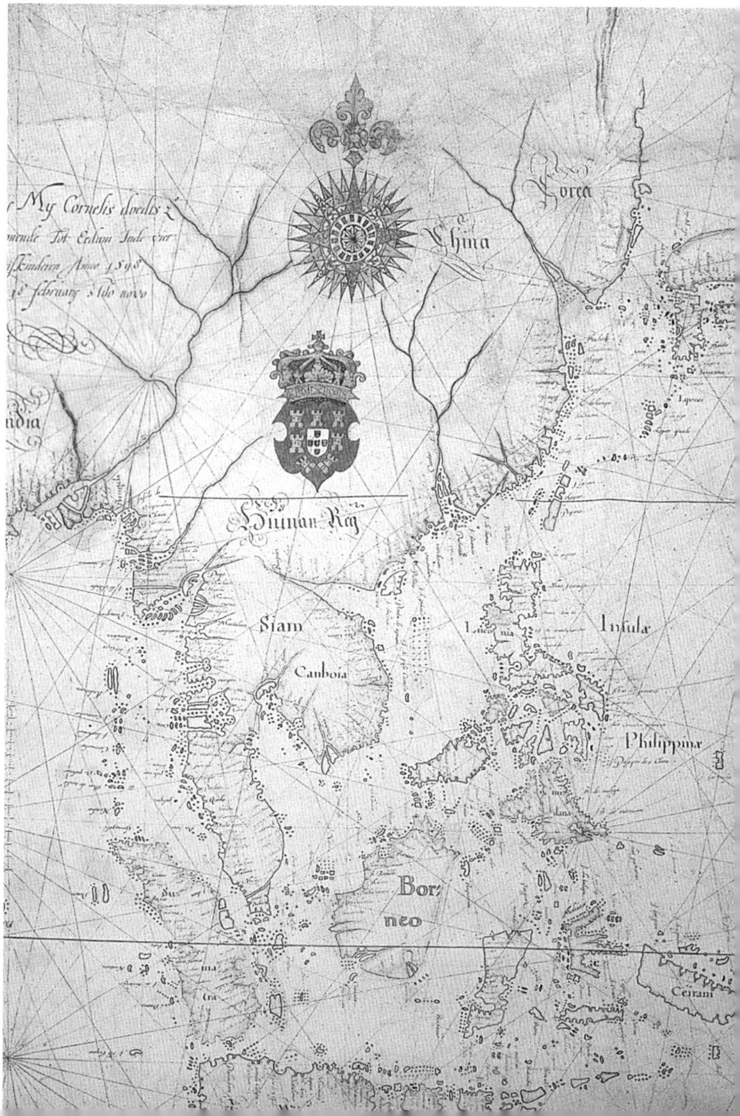

「聖地牙哥號」的悲劇

「聖地牙哥號」是西班牙一艘三百噸重的商船，一六〇〇年在荷蘭人首次來到菲律賓的一場遭遇戰中，沉沒在馬尼拉灣內。直到一九九一年，在兩位法國專家的考證下，才找到了它的沉船地點；並在菲律賓和法國兩國政府的合作下，經過兩年的努力，打撈出水面，將船上的陶瓷器和其他原物公諸於世，從而使我們見證到了在西方勢力與中國商販交織譜寫出來的一個時代的縮影。

萬曆二十六年（公元一五九八年）一支由四艘荷蘭船和二五〇名船員組成的艦隊，在曾經當過海盜船船長但改行在鹿特丹經營旅館的范努爾特的率領下，經過荷蘭政府的批准，為了找到西班牙的航線秘密，從荷蘭出發，歷盡風險，經南美洲的南端，橫渡太平洋，於一六〇〇年的十月來到了菲律賓。當這支艦隊抵達菲律賓之時，只剩下了兩條船和五十九名水手。

這支艦隊在朝馬尼拉灣航行時，抓到了一艘中國帆船，獲悉每年有四百艘中國和日本船來到馬尼拉同西班牙人做生意。他們還獲悉有兩艘日本帆船很快就要經過，但更重要的是，有一艘西班牙大帆船在十二月將從墨西哥開過來。這是千載難逢的機會，范努爾特決定把這些日本船抓起來，並等待西班牙帆船的到來。

由於西班牙守軍當時正在南洋群島其他地方同摩爾人打仗，馬尼拉防守空虛。駐守的副總督德摩加（De Morga）是個法官，他匆忙徵召了「聖地牙哥號」和另一艘五十噸重的小商船，將它們改裝加強武裝準備迎擊荷蘭人的船隊。

三十天後，船隻已經裝好大砲、武器和彈藥，準備同荷蘭人打仗。接著德摩加被總督任命為艦隊司令。這是一個致命的錯誤決定，因為德摩加是個文人，從來沒有指揮打仗的經驗。

十二月十四日，德摩加搭乘「聖地牙哥號」率領另一艘商船駛出了港口迎擊敵人，「聖地牙哥號」上有船員四五〇名，包括一些日本僱佣兵。

但是「聖地牙哥號」從一開頭就不順遂。船上裝滿了貨，吃水線已經到了

◆西班牙船「聖地牙哥號」在馬尼拉灣遭荷蘭艦隊擊沉。

砲艙。雙方遭遇後，西班牙人作戰很勇敢，鉤住荷蘭船後跳了上去，荷蘭人爭先恐後地逃進了艙裡。可是在這關鍵時刻，德摩加卻暈船暈得厲害，什麼決定都做不出來。軍官們拚命催促他，但他還是下不了命令。

范努爾特這時抓住了機會，下令在自己的甲板上放火，濃煙罩住了船隻。德摩加面臨著是留在船上被火燒著，或是砍斷鉤住荷蘭船的繩索脫險而去。他選擇了後者。

可是「聖地牙哥號」駛離不到兩百公尺，因船艙吃了荷蘭船的多發砲彈開始進水，很快整艘船就沉了下去。船員們紛紛跳船求生，只有一百人左右被救了起來，其餘三五〇人不幸葬身魚腹。

德摩加是幸運的一個，他活了過來。據說他表現了指揮官的精神，是最後一個跳水的，但也有人說他貪生怕死，是最早跳水的人當中的一個。

不論如何，這些對後人都已不重要了。重要的是「聖地牙哥」號給我們留下了罕見的歷史的補空，使我們得以了解到那個年代的活動內涵。

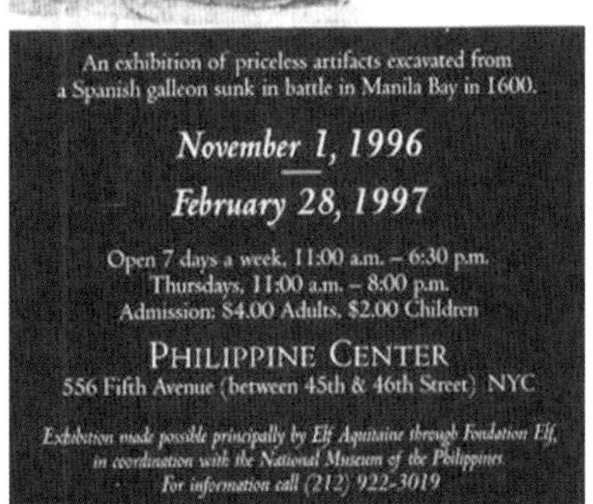

◆「聖地牙哥號」的寶藏在紐約展出時的門券。

幾年前，法國的一位深水考古學家Franck Goddio和檔案學家Patrick Lize從西班牙的檔案中，找到了「聖地牙哥號」當時的倖存者向西班牙當局報告的證詞，從中查明了這艘船的可能沉沒地點。一九九一年經過四個星期的搜尋後，找到了這艘西班牙大帆船。再經過兩年的打撈，「聖地牙哥號」船上的財物慢慢出了水面。出水的物件有五二六二件，包括了八百件完好無缺的景德鎮萬曆青花瓷、大量的銀幣、砲彈、砲管和二十四片漂亮的日本武士刀護手。

特別珍貴的是那些青花瓷，有花瓶、大盤子，不一而足，都是當時的中國商販們從事國際貿易的出口品，透過這些產品，西洋人每年從南美洲大陸帶來大量的白銀，維持著大明王室的豪奢花費和中國沿海千千萬萬人的生計。

范努爾特和他的人馬在「聖地牙哥號」脫開之後，把自己船上的火滅了。然後他們駛離了菲律賓，回到荷蘭去。回去以後，他寫了一本書，敘述了他的經歷，引起了荷蘭商人的好奇。他們紛紛集資，想要打造商船前來東方尋求商機。這些公司兩年後為了加強競爭實力，在阿姆斯特丹整合起來成立了「聯合東印度公司」。

一六〇一年九月二十七日在范聶克（Jacob van Neck）率領下，第一艘荷蘭船來到了澳門，要求通商，結果被葡萄牙人唆使中國人把他們趕走。一六〇三年六月「東印度公司」的兩艘船在韋麻郎（Wijbrandt van Waerwijk）的率領下又來到澳門，這次是被葡萄牙人開砲轟走。他們心有不甘，次年八月七日趁明朝汛兵換防的空檔直駛馬公，占據了澎湖群島。從此開啟了荷蘭人同台灣的一頁歷史糾葛！[6]

【註釋】

1. 人們習稱哥倫布「發現」美洲新大陸，其實他並沒有「發現」美洲大陸。只是到達了美洲大陸外緣的島嶼而已。但他這次航行的意義是使歐洲人知道了前此不知其存在的地域。
2. 菲利普二世的父親查爾斯五世，作為哈普斯格（Hapsburg）家族的一員，在一五一六～一五五六年期間是鬆散結合的「神聖羅馬帝國」的皇帝，這一職務使得西班牙為了對抗土耳其和歐洲非天主教勢力，而承擔了沉重的財政和軍事責任。
3. 另有一種說法是，在西班牙人抵達馬尼拉時，當地已有一個一五〇人的中國人社區，西班牙人問他們是做什麼的，得到的回答是：「生理」（seng-li，閩南話或客家話「生意」的發音），因此西班牙文詞彙中的Sangleys就是中國貿易商的意思。
4. 據一九九八年五月十四日關島美國民主黨眾議員Robert A. Underwood在美國華盛頓史密松尼亞學會（Smithsonian Institution）的演講。
5. 不過，也有一種說法是，這是已經立足日本的葡萄牙耶穌會教士陷害方濟各會教士的說法，因為葡萄牙雖然與西班牙已在一五八〇年統一，但這兩派教士來自葡、西兩個國家，傳教方法也各異（前者重拉攏上層社會，從諸侯入手，自上而下；後者則重下層社會，從基層做起），互相排擠，始終想全面壓倒對方，因此相互陷害。
6. 一九九六～一九九七年冬天，從這艘沉船打撈出來的原物在菲律賓駐紐約總領事館展出的時候，作者參觀了這些文物，對著展現眼前的那些先民們打造出來的物件，猶如進入了那個歷史年代。

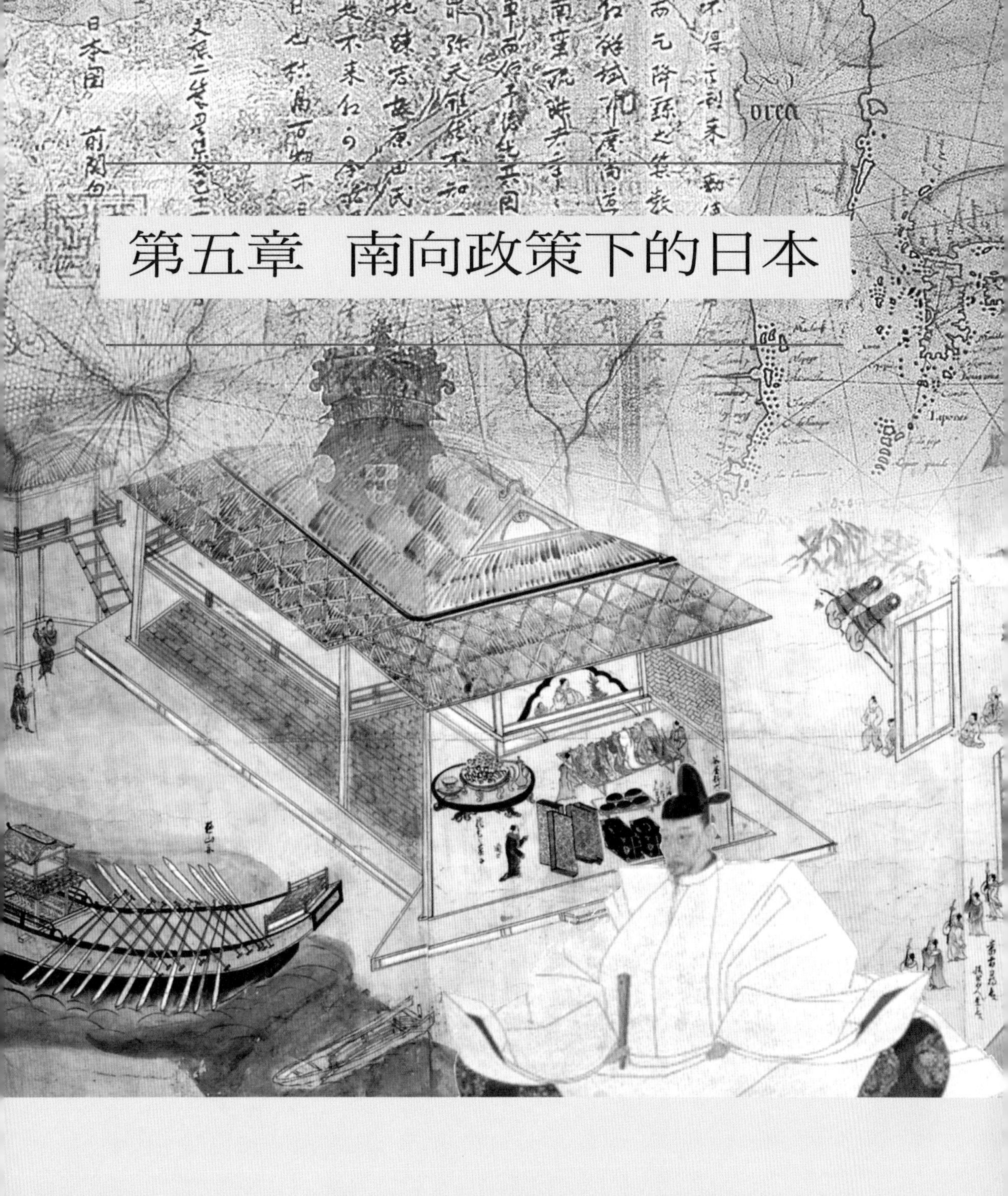

第五章　南向政策下的日本

十六、七世紀之交的日本九州，由於得地理之利，最早接觸了歐洲過來的西洋人，也由於它是吸收外來化的主要窗口，對塑造日本日後的國家性格和文化特質更有著不可估量的影響。但是，這時的九州是由不同的領主統治，沒有一個有力的權力中心。

最先來到九州的歐洲人是葡萄牙人。日本天文十二年（公元一五四三年）一艘葡萄牙船漂到種子島後，公元一五四六年他們應藩主松浦隆信之邀在平戶設立了商館，一五七一年又在長崎開館。隨著商業活動而來的是天主教的傳播。

◆公元一五四九年耶穌會葡萄牙籍教士沙勿略登陸九州南端的鹿兒島，自此天主教開始傳入日本，他最後病逝於廣東珠江口外。

天文十八年（公元一五四九年），耶穌會的葡萄牙籍教士沙勿略（Francis Xavier）登陸九州鹿兒島，開始了天主教在日本傳播的事業。他在兩年的時間內，在九州發展出八百名信眾。到一五八〇年代初期，相繼而來的教士更把信徒擴大到十萬人左右，其中包括九州肥前國（今長崎所在地）領主有馬晴信等。這些信眾的信仰得到了日本當時最大的軍閥織田信長的庇護。到織田信長遭到部下刺殺那一年（一五八二年），天主教在日本的勢力已擴充到教堂二百間，教友十五萬人（占當時日本人口的百分之二），其中三分之二集中在九州。

豐臣秀吉繼掌織田信長的權力以後，對天主教繼續採取包容的態度。一五八六至八七年，九州南方薩摩（今鹿兒島所在地）藩島津義久家族反天主教勢力進行反撲，豐臣秀吉應豐後（今大分縣）領主大友和天主教神父之請，藉機派出二十萬軍隊平亂。

亂事平定以後，豐臣秀吉有意進一步鞏固對九州的控制和防止西洋人勢力的擴大，他在一五八七年巡視九州時，藉口天主教勢力在當地進行恐怖的宗教排他活動，毀滅佛寺和砸毀佛像，於是在這年夏天發布了第一道驅逐天主教教士的命令。他下令所有傳教士在二十天內離開日本，不過，由於豐臣秀吉的許多下屬，如幫助他打天下的名將小西行長和黑田長政等，都是天主教徒，這道命令沒有得到嚴格執行。許多教士繼續留在九州，得到天主教領主們的庇護。

隨著在九州統治權力的鞏固和同西洋人接觸的增加，豐臣秀吉的注意力開始投射到南方，想要使遠在印度和南洋的葡萄牙人和西班牙人對他俯首稱臣。

◆豐臣秀吉畫像。織田信長遇刺身亡後，由豐臣秀吉統治日本。

日本天文十八年（公元一五九〇年），他向葡萄牙駐印度臥亞（果阿）的總督發出國書，要他入貢。文祿二年（公元一五九三年）又派遣原田孫七郎前往菲律賓命令西班牙總督進貢，並在途經台灣時下令「高山國王」納貢。這是日本政府初次有意臣服台灣。

另外，豐臣秀吉還曾經想要派遣將領襲擊澎湖和基隆，福建巡撫徐學聚在「初報紅毛番疏」中提到：「關白（豐臣秀吉的統治頭銜）時，倭將欽門墩統舟二百，欲襲雞籠（今基隆），據澎湖，窺我閩粵，幸先事設防，謀遂阻。」

但是，豐臣秀吉要臣服西洋人的構想尚未成形，他又下令進攻朝鮮。他以九州為前進基地，先後在一五九二年和一五九七年發動兩次進攻，率領日軍西進的有當年為豐臣秀吉進軍九州的著名天主教將軍小西行長和黑田長政等。不過，日本的侵朝行動因明軍出兵抵抗、朝鮮水師將士用命和一五九八年豐臣秀吉的病逝而告結束。

由於在九州的天主教領主們與日本最高統治階層的淵源，以及從侵朝戰爭中吸取的經驗，他們在西進朝鮮碰壁後，對日本將眼光投向南方，特別是在日後謀取琉球和台灣的過程中，起到了主導作用。其中最重要的角色之一就是肥前藩有馬晴信。

肥前藩有馬晴信勢力的南下

日本慶長五年（公元一六〇〇年）決定近代日本命運的關原之戰當中，江戶（今東京）城主德川家康的東軍戰打敗大阪的西軍，取代了豐臣秀吉家族的勢力，成為日本的最高實質統治者。但是，由於在這次的決戰中，大阪方面是由天主教大名（諸侯）小西行長領軍與東軍對陣，因此，德川家康取得最高統治實權後，基本上保持了豐臣秀吉排斥天主教的政策。

然而，出於對葡萄牙人和西班牙人通商的需要，和關原會戰中東軍一方的其他天主教領主如黑田長政的影響，在德川家康統治的頭十年期間，對一般教

◆德川家康的畫像。日本「關原之戰」，德川家康從豐臣家族手中取得日本統治權。

徒還是採取了容忍政策。到一六一一年，長崎已經有了四萬名天主教徒和十一所教堂。

即使如此，德川仍舊禁止所有大名和領主信教，並要求已經信教的脫教。在他的影響下，許多領主宣布放棄信仰。例外的是肥前國的領主有馬晴信。

有馬晴信是個虔誠的教徒（教名「約翰」），他領地內的島原是耶穌會的重要基

日本在十七世紀以後爲何將眼光投向南方

日本在進入十七世紀以後，開始把眼光投向南方。出現這種南向政策，是多方面的。首先是德川家康繼豐臣秀吉而掌握了日本的統治大權之後，國家的統一使得各方面的建設方興未艾，對物資的需求擴大了。在九州和大阪、京都一些領主及豪商的推波助瀾下，對外貿的胃口有了大幅增長。

特別是豐臣秀吉在晚年設立了「朱印狀」制度，確定了一些諸侯和豪商壟斷貿易的利益，使得這些諸侯與豪商家族為了不讓西洋人專美於前，爭相建造船隻，從事對外貿易。而外貿的對象地區，當時主要是中國和南洋，對日本來說，自然必須朝南尋求發展。這種「朱印狀」是日本最高統治者為了拉攏地方勢力而給予諸侯和豪商的海外特許狀，最先是由豐臣秀吉在一五九二年頒發，德川家康又加以發揚光大。九州的有馬、島津、松浦、加藤和京都的角倉、茶屋、平野，大阪的末吉家族等都享有這種特權。他們的船隻遠達高砂（台灣）、澳門、安南、大泥（北大年）、摩鹿加群島和巴達維亞等地，這種有政府作後盾的海外擴張力量在當時是可以與在明朝海禁之下缺乏國家保護的龐大閩南自發海商勢力相抗衡的。

此外，英國人威廉・阿當姆斯（三浦按針）在一六〇〇年適時漂流到日本，後來成為德川家康的外事顧問，也提升了日本的造船與航海技術，並打開了日本的眼界。西洋的船隻結構部分應用到日本的遠洋船隻上，先進的航海儀器引進了日本，葡萄牙人的領航員被朱印船大量使用，這些都加強了日本對外延伸的能力。加上進入十七世紀以後，中國和西洋商船的不斷到來日本，都刺激了德川家康尋求日本對外擴大視野的興趣。很自然的，日本在侵朝戰爭結束後，眼光必然轉向其前此未認真試探過的南方近鄰，而首當其衝的就是琉球和台灣。

自日本到
安南国商船也
右
慶長拾壹年丙午八月六日

◆德川家康頒發「朱印狀」推動海外貿易，確立「絲割符制度」。

地，設有修業所（神學校）。早在天正十年（公元一五八二年）他就派出四名少年組成的使節團（在日本習稱「天正少年使節團」）經印度果阿、葡萄牙的里斯本前往羅馬拜見教皇，打開了日本人最早到歐洲的歷史。公元一六〇一年，德川為了擴大對外貿易，重新向諸侯頒發在豐臣秀吉時期設立的「朱印

◆朱印船。

另外，在中國仍然實行海禁的情況下，日本急於在中國沿海附近尋找一個可以進行對華貿易的基地。由於葡萄牙人占有了澳門以後，中國沿海其他港口對外國人更加封閉，唯一可以對中國進行轉口貿易的，只有台灣或澎湖是其首選。而這時已經有一些日本人在台灣經商或採金，因此把台灣作為日本對華貿易的轉口基地是合理的發展。

然而，當時日本的這種發展勢頭是有其極限的。由於隨著西洋人的到來而產生的天主教信仰與日本統治者心目中的基本立國精神格格不入，造成日本也必須排斥對西洋人的開放，連帶地，外貿的發展也受到約束。最後終於在一六三八年實行鎖國之後，只保留長崎出島一個小小的對外窗口。其南向的發展也就突然停頓下來。對於在東西方的海權互動中成為主要爭奪對象的台灣來說，在日本鎖國的兩百多年當中，也就減少了一個參與角逐的對手。

狀」，他是少數領有「朱印狀」的領主之一。他擁有很多船隻，他的船隻以長崎為基地往來澳門、占城（在今越南中南部）等地，豐臣秀吉在世時就很得到賞識，是極力主張豐臣氏向外擴張（外征）征伐朝鮮的強硬派人物之一，豐臣秀吉甚至應允他在征服中國後當中國的皇帝。

德川家康統治日本以後，繼續與有馬氏保持了良好的關係。他也是促成德川家康在統治初期容忍天主教的大名之一。

萬曆三十六年（公元一六〇八年），有馬晴信的船隻航抵澳門以後，船員生事，被葡萄牙人驅逐出境，他為了報復，在一六〇九年下令焚燬了一艘停在長崎港的葡萄牙船。這次的事件導致他日後受到政敵的攻擊，而被德川流放甲斐（今甲府），最後以切腹結束了一生。

慶長十四年（萬曆三十七年，公元一六〇九年），德川政權統治下的日本雙管齊下，踏出了南向行動的第一步。

一方面薩摩的島津藩銜德川家康之命，率三千軍隊，在一個大砲營的前導下入侵琉球。琉球中山王不敵，被擄去日本，後又送還，但從此琉球淪入日人之手，向其稱臣納貢。

另一方面，德川下令有馬晴信「招諭」台灣對日本進貢。有馬的船艦南下後，先是到了澎湖，抓了幾艘漁船，然後轉往台灣島北部但是遭到了抵抗。文獻記載這段歷史說：「一月不能下，則髡（音「捆」）漁人為人質於雞籠，請盟。」也就是說，把擄去的澎湖漁民剃了頭髮，像日本人一樣，然後假裝是日本人，押在基隆作為人質，要求當地的土著與倭人結盟。

當地的土人信以為真，終於從躲藏的地方出來，日本人順利地將他們抓回

◆使用歐洲火器的德川家康軍隊。

到日本去，當作土人的代表送給德川家康。德川家康見從這些人身上得不到什麼東西，就下令釋放回台灣去了。

綜觀有馬晴信這次的行動目的，主要還是尋求對華貿易的基地。作為領有長崎港的肥前國領主，有馬晴信是日本新興商業勢力的代表人物，他知道台灣所占有的對中國、對南洋的貿易優勢地位。同時，長崎又是當時地理位置上從日本南下最直接可以通達台灣的港口，因此，把台灣作為向南延伸的第一個目標是順理成章的。德川下令他到台灣的指示，就包括了偵察港灣、調查物產、聯絡土著和開展對中國的轉口貿易等，命令他「視察完妥後，大明、日本之船可會合於高砂國（當時日本對台灣的稱呼），實行通商。」

但是，這時的有馬所代表的日本，海上實力顯然還不足以降服台灣的先住民，因此，招降台灣的計畫在先住民的抵抗下，最後失敗了。

之後在公元一六一二年，有馬晴信因為與長崎官員岡本大八產生利益衝突，互相指控，連帶前面已經提到的他在長崎港焚燬葡萄牙船的事件，也遭到

一個被掩蓋了將近三個世紀的政治偽裝

夾在日、中兩個強國之間，琉球中山王在琉球被日本征服之後，由於擔心琉球與中國貿易中斷，中國商船不再攜帶貨物到琉球，於是在德川幕府的許可下，一方面背著中國每年向日本秘密納貢，但同時表面上還向中國稱臣。這種安排維持了二百七十年，中國始終蒙在鼓裡（或是為了維持面子裝作不知？）。

在此期間，每當中國使臣或有限數量的商船抵達琉球，住在「首里城」王宮和那霸的日本人即行搬出，並儘量掩飾市面上可以看出受到日本影響的事務，使中國人認為琉球一切如故。

在日本從一六三八年開始鎖國以後，兩百多年當中，琉球一直是日本對外的窗口。日本透過琉球獲得中國和外邊世界的資訊與情報。另一方面，琉球王國則透過它對中國的進貢關係，維持著與朝鮮、南洋的貿易聯繫，日本史稱這段時期是琉球的貿易「黃金時期」，每年琉球的「進貢船」向中國航去，回程則載著中國皇帝賜給的珍貴貨物，滿載而歸。中國維持了「面子」，琉球和日本則獲得了「裡子」。

這種局面一直維持到一八七九年，才在日本撕下一切偽裝要求琉球廢藩置縣、完全效忠日本天皇後結束。在清國的抗議下，琉球國王走出了「首里城」王宮，結束了他們的王朝統治，從此琉球成為日本的一個縣。

告訴。進入生命晚期的德川家康極度不滿，將岡本大八處以極刑，又將有馬流放甲斐（今甲府）後下令切腹自殺。同時德川一改寬容態度，開始嚴厲抵制天主教在日本的傳播。首先受到打擊的教區就是有馬晴信的領地，所有西洋教士不是躲了起來就是從長崎被驅逐出境。

儘管如此，德川家康並未改變他對外通商和南下擴張的念頭。日本元和元年（明萬曆四十三年，公元一六一五年），在「大阪之夏」決戰中消滅了依恃堅固的大阪城長期對抗的豐臣後代家族的同時，他又積極籌劃再度進取台灣。這年農曆七月，他向長崎代官（長崎最高行政長官「長崎奉行」之下的官職，大概相當於現在的市長兼治安首長）村山等安發出「高砂國渡船朱印狀」，令它組織遠征船隊，準備南進台灣。

村山等安遠征台灣

繼有馬晴信而起的長崎實力派人物是村山等安。他一家也是著名的天主教家庭，以經營海外貿易而致富。可能是因為他的天主教信仰得罪了德川家康，為了想要以征討台灣將功贖罪，[1] 他拿出了大量家產組成了三千多名兵員和十三艘船隻的遠征船隊。

琉球國王中山尚寧獲悉了村山一家征台的計畫，派遣通事蔡廛通知了中國。

一六一六年五月四日，在村山等安的次子村山秋安的率領下，船隊離開了長崎，向台灣出發。[2] 但是船隊航至琉球時就遇上暴風，船隻失散。村山等安自己率領的三艘大船最後漂到了交阯（今越南境內），停留了將近一年，次年七月才回到長崎。[3]

不過，由部將明石道友率領的三艘船隻最後還是抵達了台灣北部。其中一艘搭載的士兵有一兩百人，登陸後為土著包圍，全體被迫自殺；另外兩船逃到福建北部海面麂山、礵山、東湧等處，在幾天之內「殺害中國人一千二百餘人，將所遇的中國小船悉行拘捕，投其人員於海中」，[4] 前往偵測倭情的中國官員董伯起也被一併擄走，挾往日本。

另外七艘日船，在琉球修整幾個月後，駛到福建、台灣海面，先進犯金門的料羅，繼攻寧德的大金堡，最後取道澎湖進入台灣竹塹（音「千」）港（今新竹），但不敢登陸，後又駛回浙江海面。其中一艘大船連同兩艘漁船在海門殺死明兵十八人和抓走官員十一名，復搶大船一艘，在各地搶擄漁戶，最後被沈有容擊沉。另有犯浙江北部寧波府海面二艘日船與中國軍隊交戰後逃去；進犯中部台州府大陳海面的兩艘船隻，為明兵出動四十餘船追剿，在溫州府海面以火攻之，但明軍船艦反遭自焚，最後也被日船遁去。

村山等安遠征台灣的行動失敗後，在萬曆四十五年（公元一六一七年）以送董伯起歸國為名，由明石道友率數十人，攜帶貴重禮物，專船來到福建，要求恢復通商。但遭到沈有容質問：「何故侵擾雞籠淡水？何故謀據北港？何故內地劫掠？何故挾去伯起？」沈有容還表明「汝若戀住東番（指台灣），則我寸板不許過海，寸絲難望過番」，也就是說，日人如戀居台灣，明朝將不許任何一艘船到台灣，不許一寸絲賣到台灣。最後沈有容將這些人從福建發放回去日本了。

沈有容與日本人的這番對話，點出了當時村山出兵台灣的主要目的還是與有馬晴信一樣，就是要利用台灣與中國沿海進行轉口貿易。而台灣相對於中國

明朝官員怎樣看待日本人對台灣的軍事行動

總體來說，明朝上下對台灣的認識極為有限，因此對日本人是否對台灣採取軍事行動，就像日本人對硫球採取軍事行動一樣，多半是會無動於衷的。然而，也還是有極個別的官員清楚台灣對中國海防的重要性的。

例如，萬曆四十三年（公元一六一五年），日本長崎實力人物村山等安在作出安排準備遠征台灣雞籠（現基隆）的消息，為琉球國王中山尚寧獲悉後，他立即派遣通事蔡廛向明朝朝廷通報。福建巡撫黃承玄為此在萬曆四十四年上了一疏，力陳台灣對明朝海防的利害關係，這份文書表明明朝官員中已經有人逐漸認識到台灣的戰略地位。

黃承玄在他的奏書中說：「雞籠逼我東鄙，距汛地(澎湖)僅數水程，倭若得此，益旁收東番（指台灣）諸山以固其巢穴，然後蹈暇伺間，指台礵以犯福寧，則閩之上游危；越東湧以趨五虎，則閩之門戶危；薄彭湖以瞰漳泉，則閩之內地危。非惟入閩患之，恐兩浙未得安寧也。」

為此，黃承玄特地提拔了曾經在萬曆三十年（公元一六〇二年）追趕倭寇到台灣的都司沈有容擔任福建水師提督，防備日本人的行動。

然而，在明朝文武官員中，類似黃承玄和沈有容那樣，把海防防線投射到台灣的畢竟太少，因此，在進入十七世紀之後，儘管日本和西方海權國家對台灣的注意力在增加，中國的海防壓力加劇，大明朝廷還是一直渾然不覺，而有後來願意以荷蘭人的到台換取他們撤出澎湖的舉動。

的這個地緣屬性，後來也繼續吸引著繼起的荷蘭人、西班牙人對台灣的興趣，並最後導致荷蘭人對台灣的占領。

德川家康死後，繼任的兒子德川秀忠採取更嚴苛的反天主教政策。明石道友回到日本之後的第二年年初，村山等安指控幕府幕吏末次平藏善待耶穌會教士，結果指控不成，反而敗訴，全家被幕府將軍處死，末次成為長崎代官，村山征台的歷史公案也就宣告落幕。

日本的鎖國

三代將軍德川家光統治時期（公元一六二三年～一六五一年），日本在禁教的影響下，進一步揚棄了與西洋人擴大通商的念頭。一六二三年，英國在平戶的商館被下令關閉，次年西班牙人被禁通航，日、西關係斷絕。就在這日本與歐洲人關係微妙的時期，因在台荷蘭人與前往通商的日本人產生衝突而造成的日荷貿易糾紛，給雙方的貿易前景，也就是台灣的對日貿易前景投下了陰影。

明天啟四年（公元一六二四年）荷蘭人占領台灣以後，打算向住在島上從

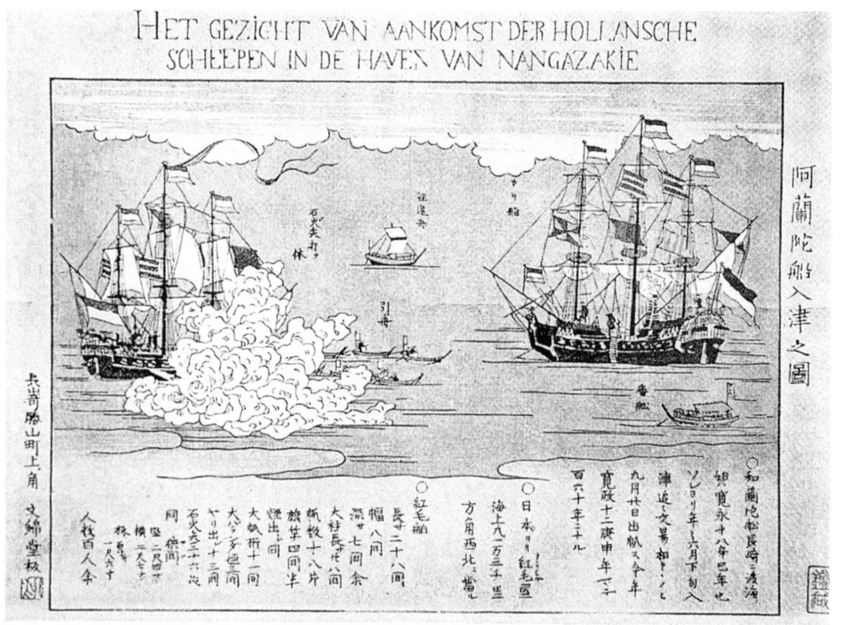

◆荷船入港交易圖。日本發布鎖國令，除唐船和荷蘭船外，外國船隻不得進入日本。

◆濱田彌兵衛持刀挾持荷蘭總督納茨，脅迫其交換人質，並賠償生絲貿易損失。

事轉口貿易的日本商人開征稅收。日人指稱在平戶的荷蘭商館無需繳稅，因此荷、日兩國產生齟齬。

◆日本人所繪的濱田彌兵衛事件圖。

恰好在公元一六二六年，末次平藏和京都的大商人派了兩艘船隻，由濱田彌兵衛率領到台灣購買生絲，荷蘭首任台灣長官宋克博士[4]限制他們的行動，濱田欲往福建向當地商人索取所訂的二萬斤生絲，向荷蘭人借船，又遭到拒絕。拖到第二年七月，濱田偷偷拐騙了十六名新港社的土人，帶著他們溜回了日本，向末次平藏報告荷蘭人的態度。末次心懷憤慨，將十六名台灣土人打扮成使者模樣，獻給前將軍德川秀忠和現將軍德川家光，並報告荷蘭人種種行為。

荷蘭新任駐台長官彼得・訥茨（Pieter Nuyts）聽到濱田跑了，怕誤了荷蘭在日本的商業利益，匆匆趕去江戶（今東京），求見德川家光，但是將軍拒見，勒令訥茨迅即離開日本，荷、日糾葛一時難以排解。

公元一六二八年春天，濱田又率船三艘到台灣，訥茨懷恨，將濱田本人和他帶回的新港社土人扣押起來，三個月不釋放。濱田怒極，趁訥茨不備向他發動襲擊，闖進他的官舍，以刀相抵，脅迫他交換人質，共同前往日本，並賠償損失。訥茨不得不屈服，將兒子與濱田之子互質，送去日本，並賠償了濱田一萬多斤生絲。但是，濱田回到日本，立即變卦，將荷蘭人的人質扣在長崎，幕府也下令封閉平戶荷蘭商館。

◆長崎著名瓷器「有田燒」。為紀念日、荷交流四百年，日本以古畫上當時的荷蘭人為圖案燒製成茶杯。

最後是荷蘭東印度公司在印尼巴達維亞的總部屈從於對日的貿易利益，在末次平藏病故後，於一六三二年將訥茨解送平戶，交換從前被扣的人質，囚禁在一戶平民家中，幕府這才應允恢復通商，消除了兩國糾纏多年的糾紛。

末次平藏死後，日本少了一個對台灣貿易感興趣的政治人物。這時日本的政治重心已轉向封建勢力濃厚的關東地區，代表商業利益的西南勢力與幕府漸行漸遠。一六三七年，九州島原半島（原有馬晴信屬地）的天主教徒反叛禁教，德川家光派出十萬軍隊平亂，次年亂事平定，三萬八千名男女老少遭到屠殺。此後，日本即進入長達二百多年的鎖國時期，除了還允許荷蘭和中國商船與日本通商外，其他所有外國船隻完全被禁止到日本，持有「朱印狀」的日本商船也不再渡航國外，因此，同台灣的關係也就停頓了下來。[5]

【註釋】

1. 萬曆四十五年（公元一六一七年），福建巡撫黃承玄上疏說：「往者家康匪如狡焉，有窺我南鄙之心，而長岐（即長崎）之酋曰等安即桃員者，以往事得罪家康之滅亡也，乃力請取東番以自贖。」
2. 不久，德川家康在同年六月一日去世。
3. 引自英國駐平戶商館館長考克斯的日記：「……又等安之船三艘已回來，此等船雖係派去占領高砂而毫無成績，轉航交阯。」
4. 宋克為法學博士。
5. 事實上，在濱田事件引起的日荷貿易糾紛之後，幕府就已決定中止發放赴台的「朱印狀」給船隻了。

第六章　後來居上的荷蘭人

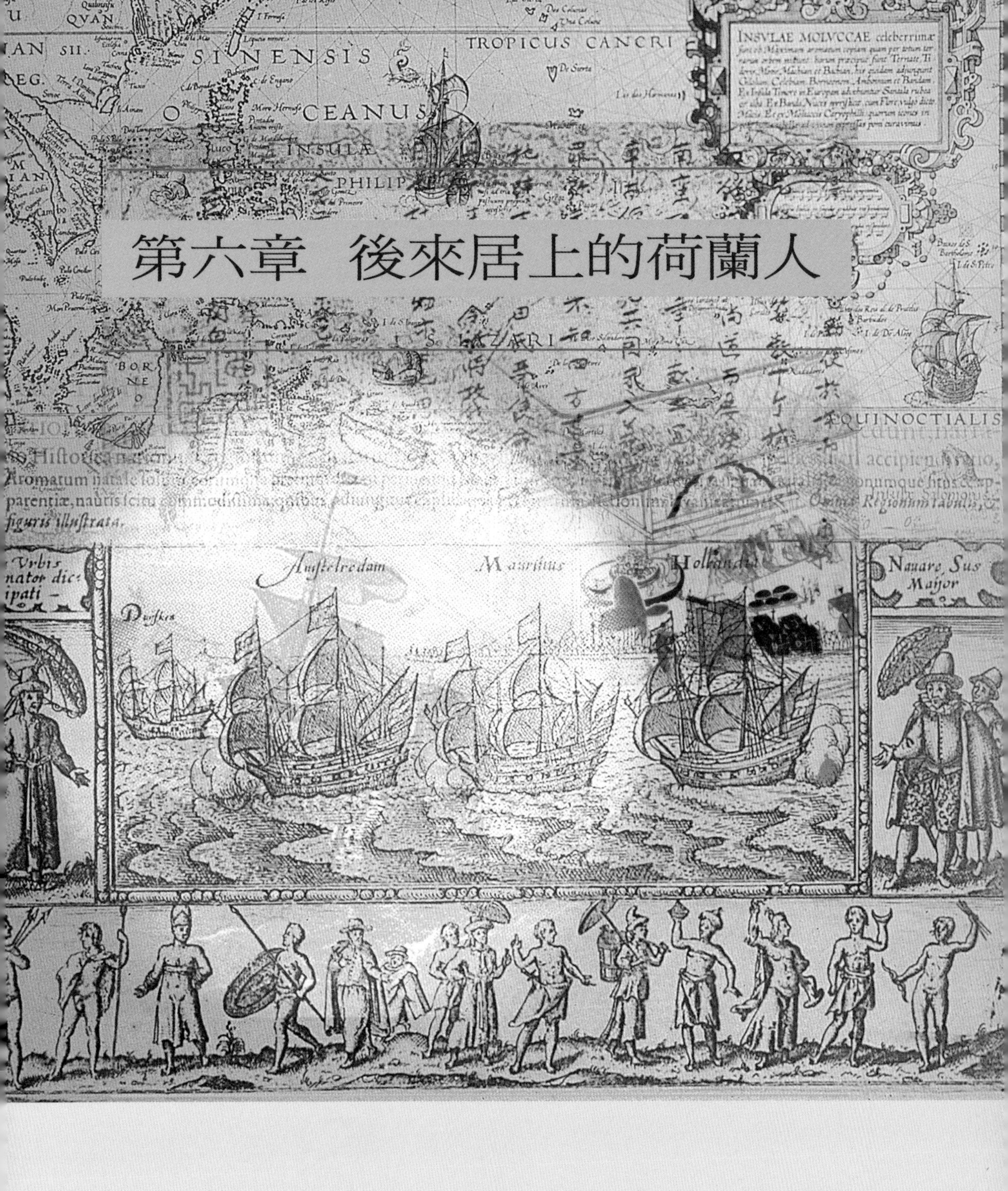

荷蘭（Holland）原來只是西班牙統治下的西屬尼德蘭（Spanish Nederlands）的十七個省份之一。十六世紀六〇年代，這裡的民眾與尼德蘭北方其他六個省份的基督徒在威廉一世的領導下，反抗西班牙菲利普二世的天主教高壓統治，自行尋求經濟貿易出路，組成了聯合省共和國（Republic of United Provinces）。在經歷了同西班牙人八十年的戰爭和鬥爭後，終於在公元一六四八年（明朝永曆二年，清順治五年）獲得了正式獨立，成為歐洲的一個強權國家。由於「荷蘭省」在尼德蘭居於政治和經濟主導地位，因此人們習稱尼德蘭國為「荷蘭」。

早在十六世紀，荷蘭就已經是歐洲最發達的貿易地區之一：它的造船業十分發達，當時它所製造的一種「平底快船」（fluyts，或fluteships）是造船技術的突破，由這種船隻組成的船隊來往地中海、義大利，連法國路易十四所建造凡爾賽宮的大理石都是由荷蘭人運輸的；[1] 它還控制了北海的鯡魚（Herring）捕撈和加工業以及冰島的鱈魚業；也像現代許多資本主義國家開頭的時候依靠紡織業積累資本一樣，荷蘭的主要城市如萊頓（Leiden）和哈林（Haarlem）是羊毛和棉布加工布匹的中心，後來的工業革命時期無產階級工人的悽慘景象很早就在這裡出現，他們生產的大量成品則銷往西班牙和前其他歐陸國家；阿姆斯特丹是金融、信貸中心，融資和發行股票的方便奠定了日後集資組成船隊遠征世界各地的基礎；甚至阿姆斯特丹對不同信仰的包容也吸引了大批猶太人搬遷到這個城市——最早抵達美國的猶太人就是從這裡前去巴西再轉到紐約（當時稱「新阿姆斯特丹」）的。在歐洲當時封建主義仍然居於主導地位的情況下，由於各種優越條件的匯合，包括基督教崇尚勤勞節儉的喀爾文教派（Calvinism）在這個國家的影響，荷蘭變成了現代資本主義的發祥地；像現代的紐約市一樣，阿姆斯特丹更成為當時歐洲最國際化的城市，德

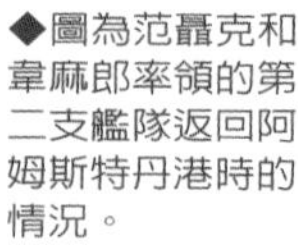

◆圖為范聶克和韋麻郎率領的第二支艦隊返回阿姆斯特丹港時的情況。

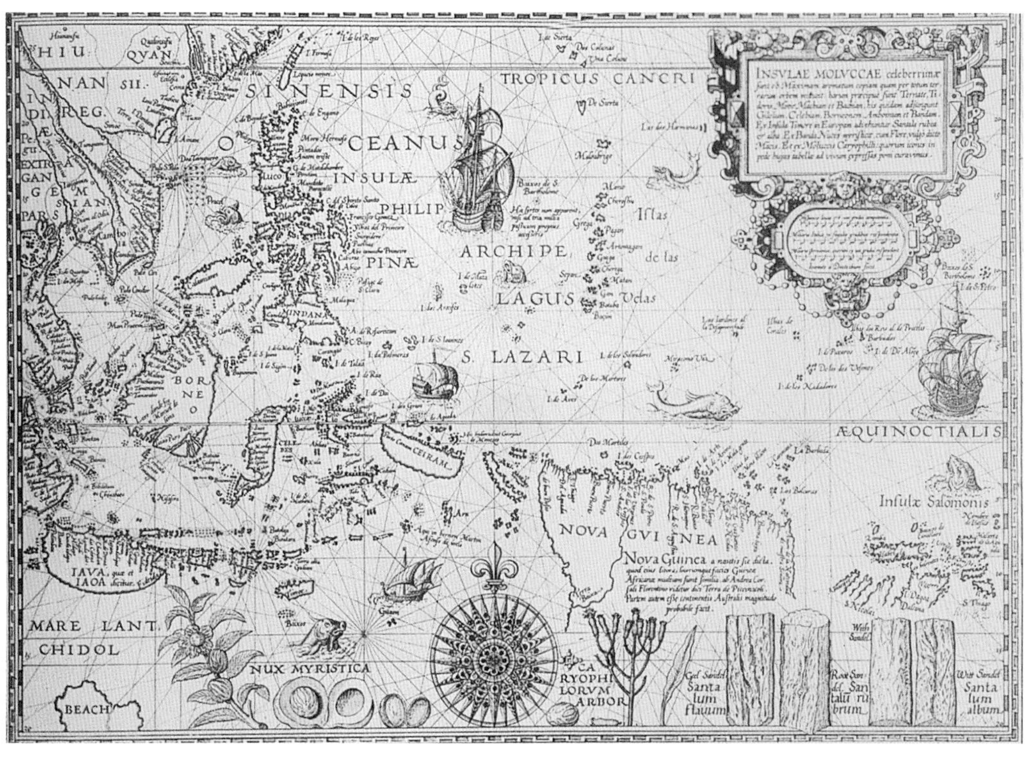

◆公元一五九二年荷蘭人所繪製的亞洲地圖，並將印尼的摩鹿加群島所生產的各種香料畫於地圖下方。

國、英國、葡萄牙……各國的商人和工匠都聚集這裡，有力推動了不同文化和思想的交流。[2]

除了商業和製造業的發達外，荷蘭也是歐洲最先進的地圖製造和報紙印刷的國家。

在反抗西班牙爭取獨立的鬥爭仍然如火如荼地進行的過程當中，一五九二年（明萬曆二十年），尼德蘭各省的商人，被西班牙人禁止與西班牙在東西半球的海外屬地交易。這一年，荷蘭的第一家公司「遠方貿易公司」（Compagnie van Verre）成立，利用從葡萄牙里斯本販進亞洲和中國貨物，從事國際貿易。一五九三年，第一次派出艦隊，試圖從北極尋找通往亞洲的航路。一五九五年（萬曆二十三年），在「聯合東印度公司」（於一六〇二年）成立之前最具實力的荷蘭公司——「老牌公司」（de Oude Compagnie）出資之下，由郝德曼（Cornelis de Houtman ）率領了第一支船隊，繞過南非好望角抵達印尼萬丹。這支船隊的成功抵達南洋，開啟了荷蘭各公司組織船隊尋求東方貿易的高潮。一五九八年（萬曆二十六年），「老牌公司」又派遣范聶克（Jacob van Neck）和明朝史書上習稱的「韋麻郎」（Wybrandt van Waerwijck）率領船隊經由同一路線航向東方。這支船隊的四艘船隻在次年返回阿姆斯特丹，受到了熱烈的歡迎。

值得一提的是，這支船隊的兩個司令——范聶克和韋麻郎——在萬曆二十九年（一六〇一年）和萬曆三十一年（一六〇三年）又分別再度來到了東方，先後試圖襲擊葡萄牙人聚居的澳門。兩次均遭到葡萄牙人擊退，但是韋麻郎藉機占據澎湖，停留了一三一天。這是荷蘭人首次占領澎湖。

在此同時，設在鹿特丹的「南方尼德蘭公司」（The Company of Southern Netherlands）在一五九八年（萬曆二十六年）派出五艘船隻組成的船隊，首次繞道南美尖端的麥哲倫海峽經由太平洋前往東方，不幸遇到船難，其中一艘漂到了日本九州東北部的豐後，但因此打開了同日本通商的歷史；也因為荷蘭人同日本的這段因緣，才有日後同在日本的華人李旦、鄭芝龍等人共同譜寫的一段台灣早期歷史。

荷蘭東印度公司的成立

就像現代的台灣一樣，荷蘭在先天上缺少自然資源，必須依靠對外貿易創

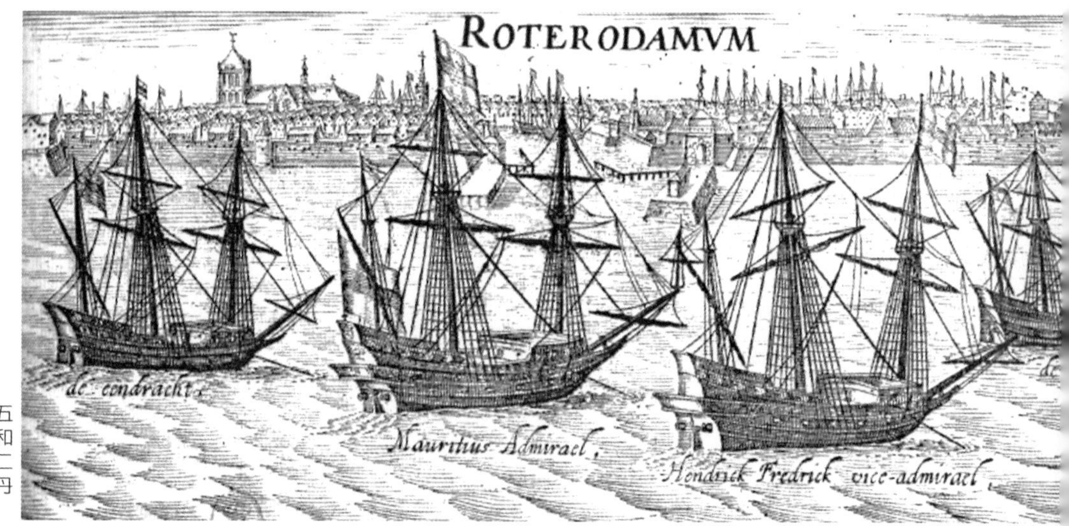

◆公元一五九五年八月范聶克和韋麻郎率領第二支船隊從鹿特丹出發的情形。

造財富，而在整個十七世紀竟然能夠壓倒先期崛起的葡萄牙和西班牙，成為海外的歐洲霸主，在這個過程當中，「荷蘭東印度公司」功不可沒。

荷蘭東印度公司（The Dutch East India Company）是荷蘭文Verenigde Oostindische Compagnie（United East India Company，聯合東印度公司）的俗稱，或簡稱「VOC」。它是荷蘭商家為了專門從事東方貿易而成立的一家股份公司。在此之前，英國倫敦一群商人為了與荷蘭人和葡萄牙人競爭東印度群島（即今印尼各群島）的香料業務，於一六〇〇年十二月三十一日在英國女王伊莉莎白一世的授權下成立了「東印度公司」，享有壟斷東印度群島的貿易權利。由於當時荷蘭各省成立的從事東方貿易的公司，自組船隊，相互競爭，致使成本高昂，無力同西班牙人和葡萄牙人在南洋競爭。更嚴重的是彼此相互猜忌，對爭取脫離西班牙而進行的獨立鬥爭極為不利。因此，在荷蘭的偉大政治家Oldenbaarneveldt的協調號召下，荷蘭「國家議會」（States-General）同意將各家公司結合起來，於一六〇二年三月二十日成立了「東印度公司」。

荷蘭「國家議會」是當時荷蘭最高的國家權力結構，由各省派代表組成，透過會議達成共識方式行使權力。這個協商方式的組織模仿英國女王授權「東印度公司」的方式，給予新成立的公司擁有東起南非好望角、西至南美洲南端麥哲倫海峽（包含整片印度洋和太平洋的水域）的貿易壟斷權。它也授權新公

◆公元一五九八年，荷蘭人共發出了兩支艦隊，希望繞道南美洲尖端後經由太平洋完成環繞世界一圈的壯舉，而范努爾特的成功返回促成了兩年後荷蘭東印度公司的成立。

司同當地統治者簽訂條約、建立統治和防禦系統，以及對西班牙和葡萄牙宣戰及徵兵的權力——根據這項授權，確立了該公司日後在台灣建立統治政體和與中國軍隊（鄭成功軍隊）作戰的依據。

荷蘭東印度公司由十七名董事組成代表公司最高權力結構的董事會，其中包括代表阿姆斯特丹的八名董事、代表南方「西蘭省」（Zeeland，南太平洋的紐西蘭國和一六二四年荷蘭人在台南外海沙洲上建造的「熱蘭遮城」均以此城為名）的四名董事和代表德爾夫特（Delft）、鹿特丹、合恩（Hoorn）和恩克霍夷增（Enkhuizend）等城市的各一名董事，以及輪流代表其他城市的一名董事。這十七名董事形成了一六〇二年至一七九九年公司解散為止荷蘭海外王國的統治核心。

荷蘭東印度公司總部設於阿姆斯特丹市離港口不遠的一條小運河邊上。這是一個典型的荷蘭紅磚建築，建造於一六〇五年。[3] 阿姆斯特丹商會的董事們每星期在此開會兩次。東印度公司的十七人董事則每年在此集會兩次，每次一開會就是幾個星期，公司所有的重大決策和政策都在這裡作出。建築大廳裡掛有來自中國和日本的精美繪畫，也掛著公司在海外的要塞、莊園、城市、港口和海灣等的畫像。現在人們（甚至包括荷蘭人在內）已經很難想像這裡曾經是從日本到南洋到南非開普敦這一廣大的商業和殖民王國的統治指揮中心。

公司成立時的認購資本是六五〇萬荷蘭盾（當時每十盾換一英鎊：在一六〇〇年代中期一名熟練工人每星期的工資是二・八盾，教師的年薪是二八〇盾，在一個小市鎮購買房子的價錢是三百盾）。成立公司的消息出來以後，在小市民當中掀起了認購股份的高潮。阿姆斯特丹一地就認購了一半的資本。

◆曾經為統治台灣中心的東印度公司十七人董事會總部，就座落在這座大樓內。現在是阿姆斯特丹大學的所在地。

隨著公司事業的擴張，現代資本主義的建制也跟著發展起來。在公司成立後不到十年，阿姆斯特丹銀行設了起來（不過，這不是世界第一家銀行，歷史上最早的銀行於一五八七年在威尼斯設立），兩年內吸收了七〇八名存款戶。一六一一年，阿姆斯特丹出現期貨市場。貨倉裡存放著波蘭的穀物、瑞典的黃銅、西班牙的羊毛、美洲的煙草、巴西的糖和東印度的香料。荷

◆早期荷蘭人各行行商秤量貨物和制定度量衡的場所，也是各種公會的會所，對於當時荷蘭的商業發展有著重要的作用。

蘭現代資本主義社會的建立，與同一時期遠在東方仍處於農業封建社會的中國，形成了強烈的對比。

公司也為荷蘭帶來了史上所稱的「黃金時代」。新興商業貴族和中產階級開始出現，社會的富裕達到了空前的地步。日本的屏風和中國的瓷器點綴了富裕人家的廳堂。品嚐中國茶成為時尚，並將茶葉介紹給了歐洲人。「茶」字開始出現在歐洲人的詞彙當中，至今荷蘭人嗜茶已經成為其生活的一部分。在此同時，社會財富的積累給荷蘭孕育了像朗布蘭特（Rembrandt Harmenszoon van Rijn）和佛郎斯・哈爾斯（Frans Hals）等世界知名的荷蘭畫派大師。[4]

總計在將近兩個世紀當中，荷蘭東印度公司共向海外派出了一七七二艘船隻，將近有一百萬人次的歐洲人隨著四七八九個航次航向亞洲的船隻到了海外。在公司的鼎盛時期，海外各個基地有二萬五千名左右的僱員，一萬二千名船員操作著它的船隊。值得一提的是，在公司成立的初期，阿姆斯特丹的人口估計也只不過六萬人左右。

初臨澳門

明萬曆二十九年（公元一六〇一年）刻行的《粵劍篇》有這麼一段記載：「辛丑（即萬曆二十九年）九月間，有二夷舟至香山澳（即澳門）。通事者也不知何國人。人呼之為紅毛鬼。其人鬚髮皆赤，目睛圓，長丈許。其舟甚巨，外以銅葉裹之，入水二丈。香山澳夷（指占住澳門的葡萄牙人）慮其以互市爭澳，以兵逐之。其舟移入大洋後為颶風飄去，不知所適。」

這段描述，應當是中國歷史上對荷蘭人最早的印象，把荷蘭人叫成「紅毛」也應當是從那時開始。再過二十幾年荷蘭人占據台灣以後，後世的台灣人也就一直以「紅毛」稱呼他們。

明《神宗實錄》卷四〇三中又記載，明萬曆三十二年（公元一六〇四年），「兵部覆，福建巡撫徐學聚奏，紅番毛闖入內洋，宜設法驅回，以清海徼。勾引奸民潘秀、張嶷等均應究處。」上曰：「紅毛番無因忽來，狡偽叵測，著嚴加曉諭，毋聽奸徒煽惑，擾害商民。潘秀等依律究處。」

以上明朝有關荷蘭人的兩段歷史描述所提到的「紅毛」，就是前面談到的在萬曆二十六年（公元一五九八年）率領船隊經過南非好望角抵達東方的范聶克和韋麻郎兩人和他們的部下。

范聶克是率領第一批荷蘭人抵達中國的「紅毛」。他在一五九九年（明萬曆二十七年）首次從東方返抵荷蘭之後，次年六月又再度率領一支船隊駛出荷蘭，航向南洋。他先在摩鹿加群島與已經占據該地的葡萄牙人搶奪香料來源，被葡人驅逐，隨後轉向暹羅又受到大風阻礙，最後於一六〇一年率領兩艘船抵達澳門，要求同中國通商。這是荷蘭人首次來到中國。上述《粵劍篇》描寫的情況就是范聶克抵達澳門時的遭遇，結果，中國派駐澳門的「稅使」李道召范聶克進城，住了一個月，他見要求中國朝廷允許通商的願望無法達成，而葡萄牙人又從中作梗驅趕他們，在不得要領的情況下，只好率船離去。

一六〇二年六月，東印度公司成立後派韋麻郎率領龐大船隊再度從荷蘭出發，經過三一七天的航行，於次年四月底抵達印尼萬丹。六月再分遣出兩艘船隻進攻澳門。可是照樣遭到葡萄牙人的強烈抵抗，荷蘭人失敗以後也是回航暹羅大泥。

韋麻郎在大泥結識了漳州海澄人李錦和商販潘秀等人，[5] 他們出主意要他買通福建稅監宦官高寀和占領澎湖。韋麻郎照計行事，在大泥招募船員和通譯。一六〇四年六月二十七日，他從大泥出發，計畫先到澳門，再轉澎湖，但因遇到大風，改而直航澎湖。他抵達澎湖的日期是八月七日。

當時澎湖為明朝的汛地，分春、冬二季防守。韋麻郎抵達澎湖之時恰逢無汛兵防守季節，如入無人之境。就這樣前後三艘船數百名荷蘭人分別抵達，澎湖終於歷史上初次為外人占領。

韋麻郎占領澎湖後，立即由李錦潛到福建漳州與潘秀聯繫，但事機不密為當局逮捕，隨後明朝官員又將李錦釋放，要他告知荷人撤出澎湖，荷人抗命。雙方來來往往，加上太監高寀夾在當中收取荷人巨額賄賂，明朝官員內部對處置荷人意見不一。最後還是由福建巡撫徐學聚奏明朝廷兵部，[6] 並下令福建總兵施德政和浯嶼（現在的金門）把總沈有容負責驅逐荷人。兩人在金門料羅灣調集水師，十一月十八日沈有容抵達澎湖，直接面見韋麻郎，韋麻郎見情勢不妙，採取拖延戰術，希望高寀代向明朝朝廷疏通。沈有容見韋麻郎久拖不走，再度對韋麻郎施壓，韋麻郎不得已只好在十二月十五日揚帆離開澎湖。總計荷蘭人這次在澎湖停留了一三一天。其後，韋麻郎繼續流連南洋，不時遣送大量貨物回國，他本人則直到一六〇七年才回到了荷蘭。

荷印公司總督科恩其人與荷蘭海外帝國的建立

論起對台灣影響最大的荷蘭人，大概非荷蘭聯合東印度公司總督科恩莫屬。因為有了他的戰略宏圖和旺盛的企圖心，才有荷蘭三十八年的台灣占領。

科恩的全名叫Jan Pieterszoon Coen。從他的中年畫像來看，頭髮是深褐色的，鬍子發紅，臉形瘦長長，鼻子大而略鉤，下巴尖出，細細的嘴唇，神情非常敬業，但肚腩已開始隆起。

◆由荷蘭人所繪的荷軍攻占澎湖時，與島上居民衝突的想像圖。

他在一五八七年（明朝萬曆十三年）一月出生於阿姆斯特丹北邊一個叫合恩（Hoorn）的市鎮。他的父親是個商人，可能在葡萄牙作過鹽商，發了點小財。原來他們並不是姓科恩的，是姓「范推思客」（van Twisk），因他父親見合恩鎮有太多姓范推思客的，所以改姓科恩。

合恩是個充滿了商業精神的城市，雖然沒有阿姆斯特丹那麼重要，但當地的船隻出沒法國、葡萄牙等地，成為葡萄酒、橄欖油、蜂蜜、無花果和葡萄乾的集散地。

一六〇〇年十三歲的時候，他辭別了雙親，到義大利的羅馬去當學徒學習簿記。就在他離開荷蘭的幾年當中，東印度聯合公司於一六〇二年在阿姆斯特丹成立了，合恩鎮派有船隻入股。一六〇六年年底或一六〇七年年初，合恩鎮所派出加入東印度公司的頭一批船隻從南洋回到了荷蘭，賺了幾百萬荷盾（當時每一西班牙銀元值二・五荷盾，每一荷盾在南洋約值三千至一萬二千文中國銅錢），股東獲利百分之七十五。合恩鎮上的人都為海外貿易開始發起燒來。

科恩這時剛好回到荷蘭，也感染了這種氣氛，以他的所學，他很自然地就加入了東印度公司，在合恩鎮入股的船上當起一名次級商務官，這是最低層的職員職位。一六〇七年年底他所在的船隻出航，在次年的十一月抵達了麻六甲海峽。幾個月後，他又來到了爪哇最西端的貿易重鎮萬丹，隨後並參加了征剿

◆對荷蘭人占領台灣發揮決定性作用的荷蘭聯合東印度公司總督科恩。

遠在數千里外的香料群島（摩鹿加群島，在新幾內亞島西面）的戰役，於一六一〇年年底回到了荷蘭。

他在荷蘭停留了一年以上，受到了公司董事會的賞識，在一六一二年以首席商務官的身分帶領兩艘船再度航向東印度。這時他才二十五歲而已。

他在次年二月回到萬丹，在一六一三年年初重抵摩鹿加群島，與荷印公司派在東印度的總督也就是公司在海外的最高權力人博茨（Pieter Both）建立了良好的工作關係。博茨很欣賞他的才幹。這一年九月兩人共同返回萬丹，在回程中他們聽到了索洛爾島被荷蘭艦隊從葡萄牙人手中搶過來的消息。這個島是通往唯一盛產中國人最喜歡的檀香木的帝汶島的門戶，科恩寫信向荷蘭的公司董事會報告，為了以此打開對中國的貿易，「除了在索洛爾堡外，任何人不得對帝汶進行貿易」，「有了檀香木，我們可以迫使中國人用他們的絲來同我們交易。」

這段期間，由於生絲在歐洲賣出很好的價錢，荷印公司急於打開對中國的貿易，董事會一再要求下屬設法同中國建立聯繫，所以科恩寫信提出了以檀香木交換生絲的建議。

十月六日，博茨同科恩回到了萬丹，正好原來的館長去世了，急需新人任命。經過在萬丹的評議會的同意，一個星期後科恩被任命為萬丹和雅加達兩個相鄰據點的商館館長。同時他又被任命為公司的總簿記長。

第二年（一六一四年）十一月，因公司賞識，被任命為東印度地區評議會的評議員和總管，直接受命於新到任的總督雷恩斯特（Gerard Reynst）之下，成為公司在海外的第二把手，主管海外各個商館的行政和貿易事務。

但是雷恩斯特在任僅一年多就病故了，續任總督是荷蘭的世家子弟、擔任摩鹿加群島長官的雷約爾（Laurens Reael）。但是此人對薪資不滿，在就任總督後就以辭職威脅公司董事會為他加薪，公司改而任命科恩繼任總督。一六一八年四月三十日科恩正式接到了要他擔任總督的任命。

這一年的年底，為了搶奪在東印度的貿易利益，英國人的艦隊來到了雅加達，對科恩的據點和艦隊展開了包圍。在英國人強大的艦隊優勢下，科恩逃到摩鹿加群島與那邊的荷蘭艦隊集結。次年二月，風聲傳來，雅加達城已差不多陷落，英國艦隊即將東來襲擊荷蘭人。科恩匆忙將散布在南洋各地廣大海域上的荷蘭船隻集結起來，於五月底回到了雅加達準備與英國決戰。

科恩很高興荷蘭人困守在雅加達城邊的最後據點仍然完好無損。他一回到據點兩天後就向配合英國人占領了雅加達城的萬丹土人頭領和他的下屬展開攻擊。那時住在城裡大部分雅加達人已經逃到了內陸，由三千名萬丹人占據城堡。很快城堡就被攻破，城牆和建築，包括一座清真寺在內都被夷為平地。六月三十日荷人評議會決定與萬丹斷絕一切關係，並要求所有在那邊做生意中國商人和船隻不要前往萬丹，只能到雅加達來。這項封鎖行動一執行就是四十年，本來很繁華的一個貿易站從此一落千丈，榮景不再。

◆於公元一六一四年所建成的Zuderkerk教會的教堂至今仍然屹立著，與原來東印度公司的十七人董事會總部近在咫尺。當年荷蘭船隻離境或返航均可遠遠看到其塔尖。

在此同時，科恩對英國人的勢力展開了反擊。英國人雖然也是一個新興的海上王國，但因崛起得比荷蘭人晚，羽毛還不夠豐滿。荷蘭人占領了雅加達後不久就集結了艦隻，對逃往蘇門答臘和馬來半島方向的英國船隻進行追擊。經過在馬來半島北面一個重要的對華貿易港北大年（也稱大泥）的遭遇戰後，七月底英國艦隊被科恩視為重要對手的指揮官約翰·喬甸（John Jourdain）在迎戰荷蘭艦艇時以身殉國。

◆雷約爾畫像（中立者）。荷蘭聯合東印度公司總督雷恩斯特病故後，由雷約爾續任總督，但沒多久即因薪資不滿問題，改由科恩接任。

至此英國人的勢力暫時退出了東印度，[7] 荷蘭領有了從麻六甲海峽以東至摩鹿加群島的廣大洋面，與菲律賓的西班牙人遙相抗衡。從這個時候起，一個以殖民取代貿易通商的荷蘭帝國，以雅加達為中心，在印尼建立了起來。

就在科恩前往摩鹿加群島搬救兵回援期間，守在雅加達據點的荷蘭人將這個地方改名叫巴達維亞。科恩趕走了這一帶的英國人後，即開始了在巴達維亞建立統治基礎的工作。一年多以後，他一度回到摩鹿加群島，去平息當地班達島上土人的反叛。在這場征剿中，他使用了極其殘酷的手段殘殺了抵死反抗的一萬多名島民，沒被殺死的也被抓起來送到其他地方當奴工。其中有一部分後來被送到澎湖和台灣本島築城。班達的土著人口幾乎蕩然無存。這一段極不名譽的殖民屠殺，開啟了荷蘭人在亞洲的野蠻統治，科恩本人也因此給荷蘭歷史留下了極大的污點。[8]

打開了統治局面後的科恩，急於取得利潤，進一步鞏固荷蘭的商業王國，他開始了一連串的計畫，這些計畫對日後的中荷關係和荷蘭人對台灣的占領產生了直接的影響。

為了開發已經改稱為巴達維亞的雅加達，科恩從遠方的非洲東岸和印度半島與錫蘭運來了大量的奴工。但是他更矚意中國苦力，他聲稱「沒有什麼人比中國人能夠更好地為我們服務。」從這點考慮加上公司董事會一再要他打開對華貿易，終於他在一六二二年四月決定派出艦隊到澳門打通對華通商的門戶。這次的行動距荷蘭人韋麻郎第一次入侵澳門和澎湖時間相差了十八年。

為了彌補在海外建立殖民帝國所需的龐大開支，科恩在巴達維亞還向中國人收取人頭稅，每一名中國人不論男女老少每年都要交三・五荷盾。他還希望有年輕中國婦女被綁賣到巴達維亞，穩住居住在那邊的中國男人。

科恩在次年（一六二三年）回到了荷蘭向董事會匯報公司的情況。繼任者德卡本特（de Carpenter）繼續了他對中國的政策。一六二七年科恩再度回到巴達維亞，但在一六二九年就因生病而客死他鄉。此後，荷印公司在巴達維亞和台灣的統治者不斷換人，但是人來人去，始終都是在科恩設計的格局下為荷蘭的殖民帝國服務。

二占澎湖　擄掠漳州、廈門

萬曆四十七年（公元一六一九年），荷蘭與英國為了壟斷對日本的貿易，雙方訂立同盟，互派船隻五艘，以平戶作為基地，航行於台灣海峽與菲律賓之間，阻止葡萄牙人和西班牙人的船隻前往日本，並阻擋中國船隻前往馬尼拉經商。

於是在馬尼拉的西班牙人，有人主張在台灣設立基地，突破荷、英的海上阻截。可是在一六二一年年底，這一消息因為一艘開往麻六甲的西班牙船為荷蘭人截獲而告走漏。在巴達維亞的科恩覺得事不宜遲，便下令雷約茲（Cornelis Reijersz）組成艦隊，並在次年四月十九日向他發出了攻占澳門或占領澎湖並到台灣尋找良港的訓令。

雷約茲集結了八艘船隻，在四月二十日從巴達維亞出發，沿途又陸陸續續

◆巴達維亞的荷蘭帝國統治中心，荷蘭人曾經在這裡遙遠地控制著台灣。圖中左下角可見穿長衫打拱作揖的中國人。

有其他船隻加入，共十六艘船隻（其中兩艘是英國船）一三○○名士兵在六月二十二日開到了澳門。

六月二十四日，雷約茲親率六百名士兵登陸澳門。但是如同前幾次一樣，葡萄牙人利用大砲優勢，擊敗了荷蘭人的進犯，其中耶穌會教士更屢敗荷蘭人的進攻。最後，荷蘭人有一三六人被殺，一二四人受傷，四十人被俘虜。後來被俘的士兵，都被葡萄牙人抓去建造砲台和城牆。

雷約茲慘敗後，兩艘英國船和一艘荷蘭船退出了在中國沿海的活動，向平戶駛去，三艘留在澳門外海監視葡萄牙人，兩艘前往廈門附近海面活動，剩下的七艘由他率領，按照科恩的訓令，直駛澎湖馬公，於七月十一日從紅木埕登陸，占領了澎湖。

這時，正好像萬曆三十二年七月十二日（公元一六○四年八月七日）荷人初占澎湖時一樣，正值春秋駐守汛地的士兵已經撤守，但是還有十艘左右的武裝中國帆船在各島中間監守，沒有對荷蘭船採取任何行動，另有一些漁船看到荷蘭船來到，也跑掉了，因此荷蘭人順利占領了澎湖。

雷約茲一到澎湖，準備長期留駐當地，第二天便派員巡視，打算在此選址築城。[9] 七月二十六日他又遵照科恩的訓令，[10] 在一名已在台灣捕魚兩年並熟悉大員情況的一名中國漁民的嚮導下（報酬五十里爾），[11] 向著他所聽說的台灣良港大員（今台南安平）進發，前去實地勘察。第二天中午就到了大員，在附近測探，他在七月三十日的日記記載：「七月三十日，星期六，晨，天明即入港。……海岸多山丘，有叢林散播其間，在稍遠處刻見有樹木和竹林。但要得到這些材料，甚為困難，若能得到材料，則在港口的南邊，很適合於築城。築城以後，外船即很難入港。」他還提到：「每年有日本帆船二至三艘來到此港進行貿易。……中國人方面，每年有三至四艘帆船載絹綢來此，和日本人交易。」但是雷約茲此行沒有看到什麼人，只有一艘漁船，他未能和漁船的人交談。就在七月三十一日這一天，他又回到了澎湖。

雷約茲這次的台灣之行，對日後荷蘭人被明朝官員趕出澎湖後決定留在台灣，有決定性的影響。

在雷約茲回到澎湖當天，他召集了評議會議，商談到底應該到大員去還是留在澎湖。評估結果，認為大員離開大陸較遠，澎湖比較不怕葡萄牙人和西班牙人的攻擊，還是留在澎湖為宜。八月二日荷蘭人開始在風櫃尾造堡築城，準備久居之計。

◆荷蘭船隻長期據守澎湖，並侵擾廈門沿海，在明朝與雙方協議下，最後退守大員，占據台灣。

但是，澎湖是一些小島組成的群島，除了漁產外，無法供應荷蘭人的日常生活需要。七月十九日，以荷蘭地名「格羅寧根」（Groningen）和「大熊」（Bear）為名的兩艘船隻已經開回廈門附近海岸，尋求補給和尋找貿易機會。此後一年多期間，荷蘭船隻不斷進出中國海岸，搶劫中國船隻和登陸打劫村莊，見人就抓，綁到澎湖去築城；同時掠奪物資、牲口，把中國人的船隻和村莊燒燬。[12]

在雷約茲入侵澎湖的時候，擔任福建巡撫的是商周祚（音「作」）。據同他打過交道的荷蘭人後來的記載，此人住在福州離開福建巡撫衙門約一哩半路程的豪宅大院中，養著十六個老婆，因此可能是個大貪官。但是職責所在，他在天啟二年（公元一六二二年）十一月底（陰曆十月下旬）荷蘭人在廈門鼓浪嶼燒殺搶劫以後，向皇上上了一個奏章，陳述廈門官兵如何與荷人搏戰。在廈門市市中心的鴻山寺後面曾有一處當日參戰將領們的石刻，記述他們「到此攻剿紅夷」。[13]

雷約茲在經過幾個月的搶掠後，覺得長期這樣下去不是辦法，因為他到中國的初衷畢竟是通商貿易，單是打家劫舍並不能實現貿易目的，因此在手下的大部分船隻陸續回到澎湖過了在中國的第一個聖誕節以後，他在一六二三年一月中旬就帶著首席商務員梅爾德特（Johan van Melderd）[14] 啟程前往廈門，要求與當地官員交涉通商事宜。但是廈門當地的官員不敢負責，要他們一行前往福州面見巡撫商周祚商談。

雷約茲等人從廈門到福州走了二十幾天，每幾里路就被福建地方官員接到

荷蘭人筆下打劫福建沿海的活動

荷蘭人占領澎湖以後船隻經常出沒福建沿海，打劫村莊和船隻，以下是當時擔任「格羅寧根」號船長的威廉・龐德古筆下描寫的片斷活動：

（一六二二年）十一月二十五日，我們一齊來到漳州港前，停泊在一個靠近城鎮的小島(指廈門鼓浪嶼)，鎮裡的居民都逃走了。我們帶走了四十頭牲畜，其中有幾頭豬，還有很多雞，這些東西讓我們很好地調養了一番。那時我們生病的人很多，得到食物以後，大大地恢復過來了。

我們派三艘戰船進港，停泊在一個村莊旁邊，上岸後同中國人猛烈打起來。中國人把九艘帆船綁在一起，點上火，朝著我們的海船漂來，想把我們燒掉，但沒有燒著。我們於同月二十八日開去兩艘大船，用大砲轟擊敵人安著七門小砲的地方。

十二月二日，我們再次登陸去掠奪另一個村莊，同樣把它燒掉。在一個棧房裡，找到了二十一大捆的絲線，我們把這些絲線和前提戰利品一同帶回船上。

（一六二三年）二月十日，商務員牛文來律（Cornelis van Nijenroode，後來擔任荷蘭平戶商館館長）又帶了二十五名火槍手分乘小帆船和小艇登陸，他們走到內陸的兩個村莊，那裡的人都跑了，他們就放火把這兩個村莊燒掉，然後回到大船上來。

十二日，派五十個武裝人員去襲擊大陸。我們搶了兩個村莊，看見一些水牛，卻抓不到。我們奪取幾袋的蒜和蔥，進入內陸大約二哩就回船了。

大房子裡去休息一番，接受國賓一樣的招待。一路上他們與熙熙攘攘的行人擦肩而過，有時因為路人太多，幾乎都走不動，這時明朝統治的敗像雖然已經到處呈現，但是社會昇平的景象，依然在閩南地區展現無遺。

商周祚在福州接見了雷約茲後，要求荷蘭人先離開澎湖才能與他們進行貿易，同時他也可能應允荷蘭人前去台灣。雷約茲表示這不在其權限之內，須待巴達維亞的訓令。[15] 雷約茲也要求中國船隻不得前往馬尼拉與西班牙人貿易，最後雙方約定由中方派人到巴達維亞面見荷蘭東印度公司總督交涉。

◆曾經在公元一六二二年遭到荷蘭人攻擊的廈門鼓浪嶼。

但是，就在雷約茲與中國官員達成初步協定後，荷蘭船隻卻仍繼續不斷地在廈門、漳州海面打劫搶掠。[16] 例如，二月二十日「格羅寧根號」船長龐德古的記事錄寫道：「搶到一隻中國帆船和十四個中國人。這些中國人告訴我們，他們是從漳州港出來的，又說雷約茲統帥已經和漳州人訂上了協定；但我們還是照樣搶了這隻帆船，把貨都搬到我們的船上來。」

那些被荷蘭人抓去的中國人，命運非常悽慘，他們被帶到澎湖作奴工，兩個兩個綁在一起，總數大約一千四百至一千五百人左右，先是叫他們在群島數處地方擔土造城堡，當中不斷有人餓死、病死，後來剩下的人又都被運到印尼的萬丹，賣給當地人做奴隸。

撤澎湖退守大員

時序進入天啟三年（公元一六二三年）夏天。新的福建巡撫南居益來到了福州。此公與商周祚主和的態度截然不同。他一上任就積極謀求打擊荷蘭人，「痛心切齒，毅然以必誅紅夷為己任。」強將手下無弱兵，當時廈門等地也聚集了一批能征慣戰、善於水戰的將士，以戰驅敵的氣氛瀰漫在金門、廈門海域。

就在南居益上任的同時，五艘荷艦組成的荷蘭人增援艦隊在法蘭斯尊（Christian Franszoon）的率領下，也來到了澎湖。九月底，南居益下令沿海實施戒嚴。十月二十五日，雷約茲命令法蘭斯尊率領五艦出發占領漳州河，阻止任何中國帆船前去馬尼拉，並要求獲得在中國自由貿易的權利。雷約茲的書

◆公元一六二三年荷蘭人曾經在福建東山一帶海岸搶劫村莊。

面命令明示，如果中國拒絕答應這些條件，就從海陸兩面對中國宣戰。

法蘭斯尊的艦隊開到漳州港後，透過自願擔任中間人的一位中國商人和由他引薦的一位「隱士」的斡旋，向中國方面發出了要求通商的通牒。南居益將計就計，與總兵謝弘儀密商，詐許荷蘭人來到鼓浪嶼。法蘭斯尊果真率領兩艘船隻在十一月十四日駛入廈門。十七日，謝弘儀邀請法蘭斯尊等人上岸簽協議，在府衙設宴時一舉將法蘭斯尊一行約三十人擒拿下來。同時，中國軍士又帶著有毒的酒到荷人船上供荷蘭士兵食用，但被荷蘭人識破。過了半夜，守備王夢熊突然帶領五十艘火船攻擊荷船，其中一艘爆炸沉沒，另一艘著火後火勢被撲滅。

這一役，使荷蘭人受到了重大的打擊，計被擒五十二人，被殺八人，後來法蘭斯尊等人被押到北京，處死於西市。雷約茲經此打擊，雖欲報復，但有心無力，只好留在澎湖度過在中國的第二個聖誕節。可是，此時南居益已準備乘勝追擊，不顧寒冬臘月，下令屬下加緊在漳州、泉州一帶操練水師了。

天啟四年（公元一六二四年）正月初二（陽曆二月八日），就在漳、廈百姓沉浸在過年的歡樂氣氛的時候，「守備王夢熊諸將士……繇吉貝（澎湖最北端島嶼）突入鎮海港（白沙島東面），且擊且築，壘一石城為營，屢出奮攻，各有所獲。夷退守風櫃一城（澎湖本島西南端）。」接著，南居益又發動第二次進軍。荷蘭人還是固守風櫃城不走。六月二十二日，前征討倭寇名將俞大猷的兒子俞咨皋率第三梯次抵達娘媽宮（今馬公）。二十四日在娘媽宮前跨海用火砲對準了荷蘭人，形成了包圍的態勢。風櫃城三面臨海，僅背面通澎湖本島各地，為防明軍從陸上進攻，在蒔上澳挖掘深溝，俞咨杲命準備火舟，散布風櫃、岸上和蒔上澳四周，荷蘭人打水和打柴都全被禁絕。

雷約茲在中國人的包圍下，向巴達維亞總部發出了求援的信函，並要求允許撤出澎湖。這時科恩總督已經離任回國，繼任總督是德卡本特。就在俞咨皋抵達澎湖當天，接替雷約茲的荷蘭艦隊司令宋克博士奉德卡本特之命從巴達維亞出發，於八月一日來到了澎湖。是時，聚集在白沙島的明軍人數已達四千人，船隻一五〇艘。到八月中旬，又增加到一萬人，船隻二百艘。宋克不得不派人求見俞咨皋，要求舉行談判。

就在荷蘭人被困，是戰是降舉棋不定的時候，住在平戶的大商人李旦卻神奇地出現在風櫃城裡。早幾年李旦與荷蘭人在日本長崎、平戶就已經建立了商務關係，在台灣與日本、福建的三角貿易中也早已是一方之霸。他的出現有生意上的考慮，也有他與荷蘭人的特殊關係，更有他為中國官方從事刺探荷人實力和進行斡旋的任務。總而言之，這個人並不是個簡單人物。

◆廈門鄭成功紀念館前陳列當時明軍使用的仿西洋大砲。此砲於廈門磐石砲台出土。

在荷蘭人從澎湖撤到台灣以後，南居益曾經向皇帝上書追憶俞咨臯向他提過的話說，泉州人李旦久居日本，應利用他的部下許心素勸諭李旦為朝廷所用，離間前往澎湖與荷蘭人交易的日本人和中國私商，使荷蘭人孤立無援。當時許心素正被拘押在廈門監牢裡，[17] 果然戴罪立功，透過李旦使日本商人和中國私商不再前往澎湖，孤立了荷蘭人。

因此，南居益再次利用李旦與荷蘭人斡旋，看似奇怪，實際上卻是順理成章。而且，從李旦本人來說，自從荷蘭人占據澎湖以後，他的台－日－福建三角貿易利益受到了影響，在可能範圍內，他也必須捲入荷蘭與中國之間的衝突，相機行事。因而，李旦的出現，對事後荷蘭人從澎湖移占台灣，也起到了推波助瀾的作用。

八月十五日，明軍完成了三路進攻的準備，十六、十七日左右，李旦奉命來到了風櫃城。他向荷蘭人提出的方案是，荷蘭人必須撤離澎湖，但是當局允許他們到台灣與中國進行貿易。八月十八日，荷蘭人評議會決定撤離；二十二日與俞咨臯簽訂了協議，同意在二十天內退到台灣；二十六日荷人開始拆城，運米下船，但因東門大樓三層為雷約茲（南居益在奏捷書中稱他為「高文律」，為Governor的諧音）原居處，不忍拆除，南居益督促王夢熊等直抵風櫃城，強行加以拆除，[18]於是載著兵員和文職人員的十三艘荷船，向著東南方向幾十浬外的大員緩緩駛去，結束了他們對澎湖的第二次占領。總計，荷蘭人這次占領澎湖共兩年又一個半月左右。

【註釋】

1. 這種船隻結合了戰艦和商船的優點，不但吃水淺，適於內陸航行，而且具有造價低，需要的人力少的特點。

2. 英文出版的大量有關荷蘭資本主義的崛起的書籍，是了解當初荷蘭能夠占領台灣的社會基礎和時代背景的主要資料來源。這些書籍為不懂荷蘭文的研究人員提供了有用的材料。目前最詳盡的一本是Jonathan Israel所撰寫的The Dutch Republic, Its Rise, Greatness and Fall, 1477-1806《一四七七～一八〇六年荷蘭共和國的崛起、興盛和衰亡》，牛津出版社，歐洲早期歷史系列，一九九八年版。
3. 現在這裡是阿姆斯特丹大學的校舍所在地，從外觀上極為平淡無奇，但它卻曾經是遙遙控制著荷蘭海外帝國的中心。即使是今天的荷蘭人，可能也不會有太多人知道它過去的輝煌歷史了。
4. 關於荷蘭殖民黃金時代的燦爛藝術文化，可參看Simon Schama，The Embarrassment of Riches《財富的氾濫》，加州大學出版社，一九九七年版。值得一提的是，在二十世紀後半期開始走上類似於荷蘭海外貿易擴張道路的台灣，雖然也一樣創造了氾濫的財富，即所謂的「台灣錢淹腳目」，但是在文化藝術的創造上卻遠遠不及十七世紀的荷蘭。
5. 據中研院台灣史研究所籌備處翁佳音的研究，李錦是漳州海澄人，大約在一六〇〇年因替Zeeland遠洋貿易公司的職員做事而前往Zeeland省的Middleburg市，並在那裡受洗成為荷蘭新教教徒（喀爾文教派）。因此，他大概是最早從海路到過歐洲的中國人之一。在荷蘭人與明朝官員的談判失敗之後，他回到了東南亞，繼續在暹羅的大泥（北大年）從事貿易。一六二一年因大泥官員迫害漢人，又全家遷往摩鹿加群島的安汶（Ambon），在一六一四年死於當地，留下了一位美麗的妻子和一個兒子。從這段經歷來看，李錦是比李旦更早而與台灣漢人社會的開拓歷史有過關聯的另一位傳奇人物。
6. 兵部回覆說：「紅毛番無因忽來，狡偽叵測。著嚴行拒回呂宋也。著嚴加曉諭，毋聽奸徒煽惑，擾害商民。潘秀等依律究處。」
7. 英國人同荷蘭人這次在南洋角逐的失敗，使得英國在東亞霸業的發展晚了兩個多世紀，直到十九世紀的鴉片戰爭之後，才奠定了它對中國的強勢地位。
8. 《印度尼西亞的班達》一書對這段殘暴的殖民歷史有詳細的描述。
9. 如同在其他占領地一樣，荷蘭人新占一地即首先築城。
10. 一六二一年十一月十六日科恩在雷約玆的艦隊出發之前給他的信中曾經寫到：「台灣（Leque Pequeno）很漂亮，有很多的鹿，但是就我們迄今所知，似乎並沒有什麼可供大船使用的良好港口。」
11. 里爾為西班牙銀元的計算單位，每一里爾重八分之一英兩，每八個里爾為一西班牙銀元，即習稱的Pieces of Eight。由於荷蘭長期受到西班牙統治，接受西班牙以里爾銀幣進行貿易，荷蘭人在亞洲發現這種銀幣很受歡迎，特別是受到中國人的歡迎，因此用這種銀幣進行交易，既可用它作為有價貨物，也可作為貨幣。據大員的會計記錄，一六三九年二月，支付修理小屋木工兩天的工資為二分之一里爾，一六四〇年九月購買兩艘中國帆船的代價是四七〇里爾。
12. 根據當時擔任「格羅寧根號」船長的荷蘭人威廉・龐德古的回憶。龐德古本人的航海書籍，為後世的人改寫成著名的兒童文學讀本，Captain Bontekoe's Ship Boys《龐德古船長船上的小孩》，譯成英文以後，至今在英美仍流行不衰，一直是優良的兒童讀物。龐德古在一五八七年出生於荷蘭合恩鎮，與策劃占領澎湖、台灣的東印度公司科恩總督同鄉，在一六二六年去世。他的父親也是船長，因駕駛的船隻名叫「龐德古號」，所以全家就改姓「龐德古」。

13. 目前這一石刻已被移往他處保管，原處改由當地市政府的一塊石碑替代，說明石刻由來。
14. 此人在荷人剛到澎湖不久，曾前往廈門，要求當地官員允許通商，但無功而返。廈門地方官員要他先行下跪叩首禮，才肯與之會談。但是他以不符荷蘭國習俗為由加以拒絕，只是脫帽表示致敬。也許因為他沒有向這些官員送禮，在他口頭陳述完通商要求後，就被下令回去澎湖等候消息，最後是什麼下文都沒有。
15. 另據《製圖賺錢》一書稱，明朝官員當時用雞籠（基隆）和淡水產有黃金和珍珠來鼓動荷蘭人前去台灣，不要繼續留在澎湖，這些官員甚至表示願意提供熟悉台灣水路的中國船員帶荷蘭人到台灣，以便在台灣沿岸找到合適的港口。在一六二三年春天，一艘從廈門出發的中國帆船，帶著奉命描繪台灣海岸地圖兩名荷蘭領航員到過了台灣。這一年十月，荷蘭人就在後來的熱蘭遮城城址所在地建造了一個小碉堡。
16. 荷蘭人船隻當時活動的範圍包括了漳州所屬的東山島（舊稱「銅山」），在當地造成很大的破壞。明朝官方文獻稱：「紅夷自六日入我澎湖，專人求市，辭尚恭順，及見所請不允，突駕五舟犯我六鰲，六鰲逼近漳浦，勢甚岌岌，該道程再伊，副總兵多方捍衛，把總劉英用計擊沉其一艇，俘斬十餘名，賊遂不敢復窺銅山，放舟外洋。」
17. 前面提到頭一年十月底南居益計誘法蘭斯尊一行到廈門談判，並最後將他們捕獲的中間穿線商人，可能就是許心素。
18. 然而，據《熱蘭遮城日記》記載，在荷蘭人撤出澎湖後，在一六二九年十二月八日，當時的台灣長官普特曼斯帶領了八至十名士兵巡視了澎湖，見到雷約茲的城堡和中國的戰壕殘跡依然存在，島上的娘媽宮（媽祖廟）也還點著香火，並有人看守。

第七章　鄭芝龍的興滅

鄭芝龍是在海權勃興的大時代中，在明朝封閉海疆的格局下逆勢運作，週旋在東洋和西洋海洋勢力之間，開創了中國歷史上少有的民間海上霸業的東方傳奇人物。

天啟四年（公元一六二四年）夏秋之交，荷蘭人撤退到了南台灣的大員。在他們當中有一位中國人，他就是這一年年初才從平戶抵達澎湖的鄭芝龍。

這時的鄭芝龍是在替荷蘭人充當翻譯的一名通事。由於荷蘭人占領澎湖以後，與明朝官員的爭執擴大了，在台灣、中國和日本之間擁有巨大商業利益的大商人李旦不能聽任這種情況長期發展下去，影響到他的商機，因此開始對中荷雙方進行介入。鄭芝龍顯然就是他布下的一顆棋子，在這一年的一月底，別離了他的日本妻子田川氏和尚未出世的兒子，從平戶搭乘荷蘭船來到了澎湖。

由於有李旦的推薦，鄭芝龍享有荷蘭人的優渥待遇，但是並沒有太多的事做。雷約茲在二月二十日發給東印度公司總督德卡本特的信中說：「等候好多時的帆船『好望號』於一月二十一日由日本出航，月底到達此地。……我們接納了來自日本的一名通事，雖然給予優厚待遇，但目前對我們沒有什麼用處。」

◆鄭芝龍畫像，其為鄭氏後人所繪。（左）
◆鄭芝龍銅像。（右）

儘管如此，荷蘭人還是利用了鄭芝龍，為他們執行在台灣海峽上截擊前去馬尼拉的中國帆船的海盜任務。後來擔任荷蘭第二任台灣長官的德韋特（Gerrit Fredericqs de Witt），這時正在澎湖服務，曾經在信中寫到：「經過雷約茲司令的批准，我們每天都期望能夠在這裡集中二、三十艘中國帆船，通事一官（鄭芝龍的小名）被派往北方去截擊與俘獲一些船隻。」荷蘭人在大員立定足跟以後，在這一年的年底，他又奉命率領幾艘中國帆船襲擊前去馬尼拉與西班牙人通商的中國船隻，直到第二年（一六二五年）的三月二十日才回到大員。[1]

◆一六五五年荷蘭地圖出版商Joan Blaeu出版的地圖中的明朝百姓畫像。

也許是在荷蘭人手下沒有太多的發展，或者是因為生意上的原因，鄭芝龍在這一年（一六二五年）四、五月間離開了荷蘭人，開始了亦商亦盜的海上生涯。同年四月底，他已經帶著手下兄弟活躍海上了。一名荷蘭船長曾經給宋克長官寫信說：「（四月）二十七日，星期天，……突然首領一官後隨手執刀劍的銃手七八名，作為代表，向我們寒喧。」[2]

李旦[3]據說是在平戶受到過松浦隆信領主禮遇，而後被明朝官員騙回杭州砍頭的大海盜王直的傳人。一個說法說，他是靠賣針線起家的，從印尼的泗水到日本的長崎，都是他的經營王國，到一六〇〇年的時候，他已經是馬尼拉閩南人社會的僑領。但是，西班牙人眼紅他的財富，設計將他逮捕下獄，並抄了他的家，一六〇七年他逃出西班牙人的掌握以後，就長期定居長崎和平戶。他與平戶藩主法印鎮信一家來往密切，同時還結交長崎奉行長谷川權六，英國人在平戶的商館也租用著他的房子，[4]說得上是一位長袖善舞的人物。

一六二四年荷蘭人在大員安頓下來以後，急於同中國打開通商之門。這時他們又想起了李旦。其實荷蘭人對李旦的印象並不好。在早一年的四月，李旦的船隻來到了他在大員的商務基地，準備到大陸購買生絲，並通知了澎湖的荷蘭人，詢問雷約茲司令是否有興趣加入這筆生意。雷約茲給了李旦一筆預付款，可能是貨沒到荷蘭人之手，雙方之間出現財務糾紛。次年一月，李旦回到了日本，就在他打算再回台灣的時候，荷蘭人在日本的商館也傳來了他積欠英國商館一大筆錢的消息，要雷約茲小心云云。

儘管，荷蘭人與李旦之間有這種糾葛，但是從澎湖脫困到台灣，李旦是助了相當大的一臂之力的，而且新任荷蘭長官宋克也實在沒有其他人可以求助，因此最後又找到了他。

一六二四年九月十二日，李旦陪同從澎湖撤回的明軍將帥來到了廈門。此行除了為已經在大員定居下來的荷蘭人弄到些生絲外，他大部分工夫還是放在供應長崎的貨品上，中間又生了一場病，以致無法按照荷人之託到福州面見巡撫南居益，疏通荷蘭船隻到福建沿海貿易的問題。好不容易到了十一月十四

鄭芝龍與李旦的關係

據中國學者陳支平根據最早有關鄭芝龍的著述《難遊錄》而得出的研究結論認為，鄭芝龍是因為少年之時成為李旦的姣童，而得以獲得李旦的寵愛，並最後發跡。《難遊錄》是明末清初人張遴白所撰，他曾經在魯王政權中任過職，書中所載鄭芝龍傳，可以說是最早的鄭芝龍傳記。其中提到：「李習（李旦）者，閩之巨商也，往來日本與夷狎，遂棄妻子娶於夷。芝龍少年姣好，以龍陽事之。習託萬金歸授其妻。會習死，芝龍盡以募壯士，若鄭興、鄭明、楊耿、陳暉、鄭彩等皆是。」

陳支平引《閩政領要・民風好尚》一書說，「閩省積習淫靡，漳泉為甚，採蘭贈芍之風，恬不為怪」，「紳庶群尚俊童，俗呼契弟」；而在明清之際閩南人衝破海禁遠洋貿易的年代，殷實之家為了不讓自己的子弟遠涉重洋，冒險犯難，常「擇契弟之才能者螟蛉為子，結以厚貲，令其販洋貿易，獲有厚利，則與己子均分。」因此，出身貧寒之家的鄭芝龍成為李旦的姣童，在當時並不為怪。

然而，在鄭芝龍發達以後，這個經歷也就成為一件很不光彩的事情。陳支平認為，吞沒李旦的財產，在相互從殘殺和併吞的明代海寇當中，是家常便飯，單是這點理由，鄭芝龍發跡後沒有必要小題大作，塑造一個顏思齊來，來掩蓋其所以發跡的身世。只有於落魄之時以男色事李旦，才是其心頭大病，因此才要活生生創造出一個「顏思齊」出來，免得整天被人指著脊樑骨而譏為姣童契弟，無法服眾駕馭群雄。

◆泉州開元寺大雄寶殿始建於唐朝垂拱二年（公元六八六年），現在的建築為地震後鄭芝龍捐資重建。

日，他才告別了他在廈門的代理人許心素，啟程返回台灣。此後一段時間到次年七月在台灣的最後歲月中，他進行了哪些活動，現在已經無法知悉。

自立門戶

一六二五年七月一日，李旦向宋克長官請領了通航許可證，在七月三日啟程回到日本平戶。不幸的是，他在八月十二日就去世了。死後，留下還欠著英國人的大筆債務。他在台灣的產業和手下歸鄭芝龍掌握，在廈門的轉到了許心素的手中。遺憾的是，這麼一位曾經在台灣開闢初期留過痕跡、也把荷蘭人引入台灣的傳奇人物，後人對他所知仍然有限，但是，沒有李旦，就沒有鄭芝龍開台的一段歷史。

李旦的去世及其留給鄭芝龍的大筆財富，為鄭芝龍合併當時台灣既有的其他漢人武裝勢力，及從大陸上招收新的勢力到台，創造了條件，這也是羽毛尚未豐滿的他在當時最好的生存選擇。顏思齊及其手下二十八將，是否真有其人，後人迄無定論，但是有關鄭芝龍如何與這些勢力結合而開始縱橫台灣海峽的種種歷史傳說，[5] 正好說明了鄭芝龍由於有了李旦的財富，而能夠在很短的時間內異軍突起，結合大小股漢人武裝勢力，成為荷蘭人和明朝官方所不敢小視的力量。

鄭芝龍自立門戶以後，從福建招徠了鄭興、鄭明、楊耿、陳暉、鄭彩等部將。[6] 據稱他將部下分為十八先鋒，結為「十八芝」，[7] 他也從此改名為「芝龍」，而不再稱「一官」。

第二年陰曆二月，他利用福建天旱飢荒的機會，自率船隊襲擊漳浦，劫掠金門、廈門和廣東靖海、甲子等地，不久又回師福建，再犯廈門，襲銅山（東山），陷舊鎮，聲勢所向披靡，明朝官兵疲於奔命。最後是朝廷起用曾經擔任泉州知府的蔡善繼擔任泉州巡海道，對他進行招撫。鄭芝龍率眾到了泉州，見到了蔡善繼，因鄭芝龍的兄弟鄭芝虎和鄭芝豹在會見後，看看勢頭，認為朝廷沒有招撫的誠意，於是鼓動鄭芝龍等馬上離開泉州，重新過起海上生活。一直到明思宗崇禎元年（公元一六二八年）年底受到福建巡撫熊文燦再度招安成為「海防遊擊」為止，鄭芝龍以台灣為基地，先後縱橫台海凡兩年六個月。

鄭芝龍受到招撫以後，由劉香統帥的一股勢力心有不甘，拉到了廣東，繼續其海上劫掠的營生。另外的同夥楊六（楊祿）、楊七（楊策）兄弟，褚綵老，李魁奇，鍾斌等先後棄他而去，為他分別追殺剿滅。最後並在崇禎八年（公元一六三五年）掃除了劉香的勢力，[8] 此後，東南海疆唯鄭芝龍是從，「從此海氛頗息，通販洋貨，內客外商，皆用鄭氏旗號，無儆無虞，商賈有二十倍之利。芝龍盡以海利交通朝貴，寖以大顯。」另有傳說：「自就撫後，海舶不得鄭氏令旗，不能往來。每一舶例入三千金，歲入千萬計，芝龍以此富敵國。自築城於安平（今泉州安海鎮，其福建老家），海舶可直通臥內，可泊船徑達海。……八閩以鄭氏為長城。」

週旋在荷蘭人與明朝官員之間

回到了福建老家的鄭芝龍，等於是放棄了長期在台灣生根的打算，但是在開始享受榮華富貴的生活之餘，他與台灣的關係並沒有切斷，壟斷對日和對台灣的貿易一直是他的追求目標，他必須繼續與荷蘭人週旋。

另一方面，他又以保護中國航船的名義，向過往台灣海峽的船隻抽取保護費，他必須大力維持海上貿易的安全繁榮，才能穩定收入來源，以供自己和手下的眾多兄弟花用。但是由於大部分中國商船都是販貨到澳門和馬尼拉，同荷蘭人的死對頭葡萄牙人和西班牙人交易，沒有官方的許可，船隻不會自動跑到台灣去，荷蘭人的不滿是可想而知的。怎樣滿足荷蘭人的通商要求，也成了他這個亦盜亦官夾在荷蘭人與明朝官方之間的特殊人物的新課題。

◆荷蘭人眼中的明朝官員。

原來荷蘭人從澎湖撤退到台灣以後，本想中國方面履行雙方的協議，定期派遣船隻到台灣進行交易。但是，這個願望落空了。透過李旦留在廈門的代理人許心素向中國官方行賄，他們總算被默許用走私方式偷偷交易，從許心素處取得了一些貨品。可是這種交易方式並不是荷蘭人所想要的。

崇禎元年（公元一六二八年）年初，科恩又由荷蘭回到了巴達維亞，第二度擔任東印度公司的總督。他向第三任台灣長官訥茨發出了嚴格的訓令，要他用武力打開同中國的貿易。訥茨給公司人員的一封信中抱怨說，頭年十月他的前任德韋特輕舉妄動，在福建巡撫書面允諾陳情皇帝准許貿易後，配合明軍派出了艦隊，前往福建東山島去攻擊「海賊」一官（即鄭芝龍），結果卻吃了大敗仗。信中又說，德韋特在遭受鄭芝龍的猛烈回擊後，不發一砲，率領兩艦逃回到爪哇去了。

鄭芝龍在盛怒之下，動員千艘帆船，捕獲了荷蘭人的兩艘大船，逮捕了八十五名荷蘭船員[9]和扣押了大批貨物。不久，鄭芝龍又攻入廈門，劫走了荷蘭人派到泉州許心素處運貨的一艘船隻和一艘快艇「西卡佩爾號」（West Kappel），並趁機把抓獲的許心素處死，掃除了李旦手下唯一能夠與他對抗的一個心頭大患。

明朝官員拉攏荷蘭人夾擊新興海上武裝集團的失利，使鄭芝龍坐大了，但是也使他與荷蘭人的關係一下子惡化起來。

但是，這時的鄭芝龍不願兩面受敵，為了緩和與荷蘭人的關係，他在荷蘭人的請求下，主動歸還了「西卡佩爾號」。

在科恩總督的嚴厲訓令下，新任台灣長官訥茨加緊了武力打開中國貿易的行動。可是鄭芝龍仍舊是必須首先對付的對手。於是他在一六二八年八月二十一日率領九艘荷船來到了廈門，向鄭芝龍故意示好，雙方見了面。幾天後，卻騙得鄭芝龍上了他的座艦「特克塞爾號」（Texel，荷蘭地名），將他逮捕。鄭芝龍在脅迫之下，與訥茨簽訂了為期三年的貿易協定。

在荷蘭人的壓力下，鄭芝龍一六二八年年底接受明朝招撫；一六二九年年底，因李魁奇叛變，逃往福州。次年（一六三〇年）二月，他聯合荷蘭人及明朝官兵勢力殲滅了李魁奇，接著在年底又擊敗了還控制著廈門的叛將鍾斌，廈門重新由鄭芝龍掌控。[10]鄭芝龍為了報答荷蘭人在這些行動中的合作，向前往安海交涉的首席荷蘭人商務員說，已從官方取得允許商人前往大員通商的六張通行證。

在此之前，荷蘭駐台長官訥茨因為濱田彌兵衛事件處置不當而造成的荷日貿易糾紛，未能得到妥善解決，在一六二九年被召回到巴達維亞，繼任長官普特曼斯（Hans Putmans）在七月到任。這人是荷蘭人當中的主戰派，他繼續努力奉行科恩總督定出的必要時以武力打開中國貿易的政策。他不滿足於鄭芝龍所答應的六張貿易通行證，要求獲得更大的自由貿易權，在一六三一年年初，親自率領荷船來到廈門交涉，但是不得要領。十月二十七日普特曼斯又再率船四艘前去福建，因鄭芝龍忙於征剿其他海盜，最後也是無功而返。二月，普特曼斯回到巴達維亞彙報情況。

一六三二年年初，當初不願隨鄭芝龍就撫的劉香勢力在廣東崛起，剛上任的福建巡撫鄒維璉宣布恢復海禁，並力阻鄭芝龍與荷人私下通商，指責「（荷夷）酋長乘大輿常遊安海城（鄭芝龍居地）中，……不得不疏責芝龍與夷絕。」七月、十一月，普特曼斯兩次來到漳州，但行動受到嚴密監視，不得不空手而返，但是出乎意料，鄭芝龍的代理人卻在不久將大量商品運到台灣。到了一六三三年福建貿易全部被禁後，鄭芝龍仍然把大量生絲、砂糖和食品、石頭、木材走私到台灣。

一六三二年十二月四日，鄭芝龍與劉香的船隊在福州附近血戰，從早上打到傍晚，雙方各死傷八百至一千人。鄭芝龍弟弟芝虎在身上兩處負傷的情況下，衝入敵陣，被劉香的人馬用四爪錨和鐵鍊纏住，幾乎不能脫身，後來是部下拚死搶救，才把他救出。劉香本人也向南逃逸而去。[11]

由於福建當局嚴格執行海禁，普特曼斯在一六三三年四月重返巴達維亞，取得東印度公司新總督布勞維爾（Hendrick Brouwer）的許可，準備對中國發動攻擊。這年七月十二日，荷蘭人又倒向鄭芝龍的對手劉香那一面，在劉香的幫助下，趁著剛剛追剿劉香回到廈門的鄭芝龍沒有戒備，發動了對廈門的突襲，擊沉、燒燬和弄沉港內鄭芝龍和明朝官兵的二十五到三十艘戰船，這些船隻都配備完善，架有十六、二十到三十六門大砲。另外還沉毀了二十到二十五艘其他大小戰船。事後，廈門官員找人與荷蘭人疏通，表示願意通知廈門、金門、烈嶼、鼓浪嶼及附近各島的百姓送上二十五頭牛、二十五隻豬和一百隻雞，希望荷蘭人不要再傷害百姓，使他們可以繼續安心耕種。

鄭芝龍寫信質問普特曼斯，他回信說：「我們唯一的目的，只是要繼續在漳州河、安海、大員與巴達維亞，跟所有人自由交易。」他還提出了講和的條件：在鼓浪嶼建造一所堅固的建築物，使荷蘭人能在那裡進行交易；八到十個人能同時在海澄、漳州、安海、泉州及其他地區無礙自由通行買賣；船隻不受干擾地在鼓浪嶼、廈門、烈嶼、浯嶼和其他優良停泊處停泊；中國帆船不許再前往馬尼拉、雞籠（西班牙人占領地）或其他荷蘭人敵人的地方，只許前往巴達維亞。

九月，普特曼斯與劉香在大員匯合，準備進攻鄭芝龍，鄭芝龍舟渡海澄，誓師出發，不久在澎湖焚燬荷船一艘，生擒荷將一名，並溺死荷兵數百。十月二十二日，明軍一五〇艘左右的帆船（其中五十艘為特大戰船）在金門料羅灣遭遇荷蘭大船九艘、劉香船五十多艘。鄭芝龍報仇心切，奮勇當先，使用鐵鉤鉤住敵船縱火焚燒戰術，共焚燬荷蘭快艇一艘，並捕獲另一艘快艇。劉香臨陣敗逃，普特曼斯狼狽退回台灣。福建巡撫鄒維璉在奏捷書中稱：「此一舉也，生擒夷酋一偽王、夷黨數頭目，燒沉夷眾數千計，生擒夷眾一百一十八名，馘（音「國」）斬夷級二十顆，燒夷甲板巨艦五隻，奪夷甲板巨艦一隻，擊破夷賊小舟五十餘隻，……閩粵自有紅夷以來，數十年間，此舉創聞。」

這一仗顯露了鄭芝龍的水師實力，也奠定了鄭芝龍稱雄閩海的基礎。普特

◆此為荷蘭商館的「VOC」標誌。荷蘭東印度公司(The Dutch East India Company)荷蘭文Verenigde Oostindische Compagnie(United East India Company，聯合東印度公司)的俗稱，或簡稱「VOC」。

曼斯受此重創之後，只得又與鄭芝龍修好。閩台之間的貿易因新任福建巡撫沈猶龍的上任而開始恢復。巴達維亞方面也認為荷蘭船隻並無前往中國沿海港口交易停泊必要，大員商館被定位為採購中國商品的主要基地。荷蘭人在一個住在熱蘭遮城的同安商人林亨萬[12]的居間協調下，同中國的貿易開始興旺起來，林亨萬和其他商人的船隻源源開到台灣。[13]

九死一生的劉香不滿荷蘭人又與鄭芝龍修好，在一六三四年四月九日清晨天亮前利用月亮被遮住，以部眾六百多人襲擊了大員的荷蘭人城堡，並且已經用雲梯爬上了城牆，但被荷蘭人哨兵發覺，經開槍和砲轟後，劉香率部眾逃散而去。數天後，這支海盜從高雄離開台灣，五月二十日與鄭芝龍在金門外洋遭遇，李旦之子李國助倒戈，投降明軍。[14] 次年五月二十三日，鄭芝龍在廣東田尾洋再度大敗劉香，劉香引火自盡，台海恢復安寧。原來害怕海賊伏擊的中國商船開始源源駛向台灣。例如一六三六年十一、十二兩月，自大陸到台灣的船隻有三十三艘，次年八月達二十九艘，一六三八年六月更達三十一艘之多。

不過，這時的閩台貿易，主要還是掌握在鄭芝龍手中，到大員貿易的商人必須對鄭芝龍行賄巴結。林亨萬曾經向荷蘭人抱怨，他帶著很多禮物到安海晉見鄭芝龍，因為被嫌棄禮物太小，而見不到面，必須再增加一半禮物，才能在兩、三天後見到他。在向鄭芝龍匯報了台灣的情況後，林亨萬被命護送鄭芝龍底下的一名小官回鄉下老家，又花掉了他將近一年半在台灣賺到的錢。《巴達維亞城日記》在一六四〇年九月十五日記載：「九月十五日與林亨萬結算的結果，公司欠鄭芝龍十五萬三千八百四十六里爾（Real），並決定從本月十日起，每月支付利息百分之二・五。」

然而，對荷蘭人的一個沉重打擊是，他們的代理人林亨萬在當年乘船離台回大陸時，在十一月三日於澎湖附近遭遇暴風雨，全船三〇五名乘員，除十四名中國人和九名黑奴借助於船板、木片而得救外，其餘全部淹死，林亨萬本人也跟著遇難。隨著船隻沉掉的是滿船的貨物、南洋香料和八千四百七十七斤象牙，據說總值一百萬荷盾。林亨萬的死使荷蘭人少了一個多年信任的在鄭芝龍和其他中國商人中間居間協調採貨的商人。

公元一六三八年，日本在島原之亂後，開始鎖國，只准荷蘭船隻和中國帆船進出日本。鄭芝龍利用這個機會趁勢擴大他的貿易網。一六四〇年他透過林亨萬要求荷蘭人讓他用自己的錢，使用東印度公司的船隻運載二十萬荷盾價值的貨物到日本；為此，他將供應東印度公司運往日本、荷蘭和東印度地區貿易所需要的價值最多達一百到一二〇噸黃金的貨物。同時他也開闢了由福建安海直通長崎的航線，把中國貨物直銷日本，並與澳門的葡萄牙人秘密合作，幫助已經無法對日通商的葡萄牙人把澳門的貨物運往日本，再把日本的貨物運到呂宋，賣給西班牙人。在明朝滅亡的前後，直到他投降滿清為止的十年時間裡，掛著鄭氏旗號的中國商船絡繹於大陸沿海、日本、台灣、呂宋、澳門及東南亞各地。華船進出日本的數字比荷蘭船多出七至十一倍之多，其中大部分都是屬於鄭芝龍的。

殞滅

鄭芝龍經營閩海，一呼百應，但是在明朝做官，卻不是那麼顯赫。

從他在熹宗天啟年間自立門戶，到思宗崇禎八年（公元一六三五年）平定劉香，僅十年之間八閩海面無不看他令旗和臉色行事，稱他為「閩海王」並不為過，而他的船隊的存在也使荷蘭人的艦隊從此不敢跨越台海。

然而，鄭芝龍以一介海上武夫投身宦場，仕途卻遠不如他的「錢途」那麼一帆風順。到崇禎十五年（公元一六四二年）他奉派到廣東平遠九連山征剿「猺民」的時候，還只是潮漳署總兵而已。這一年他又奉命率領水師到遼寧松山去幫助打清人，但是鄭芝龍不願前去，派人到京師賄賂，援遼之事不了了之。到了第二年，才被任命擔任福建總兵。

這時，他的命運也開始像明朝的國運一樣，風雨飄搖，氣數將盡。

崇禎末年（十七年，公元一六四四年），鄭芝龍時年五十（按日本史料計算；如按《台灣外記》則為四十一歲），他的弟弟鄭鴻逵（鄭芝鳳）以副總兵兼鎮海將軍的名義戍守鎮江。這一年，李自成攻破北京城，雖思有所作為但卻時運不濟的崇禎皇帝吊死煤山，福王朱由崧在南京建立政權。次年清軍屠城揚州，進占南京，短命的福王政權滅亡，鄭鴻逵及手下自長江揚帆東逃。接著唐王朱聿鍵在已被封為「南安伯」的鄭芝龍和鄭鴻逵的擁立下，即位福州，是為「隆武元年」。但唐王即位，氣息奄奄的大明朝廷，有相當的權柄掌握在鄭氏兄弟手中。為了籠絡他們，唐王大事封賞：鄭芝龍為平虜侯，鄭鴻逵為靖虜侯，鄭芝豹為澄濟伯，鄭彩為永勝伯……

然而，鄭芝龍擁兵自重，清兵進軍浙江仙霞關的時候，駐守的鄭芝龍因受同鄉洪承疇勸降，被許以福建、廣東、廣西三省王爵，於是託言海盜來襲，將駐軍撤走。清軍順利入閩以後，鄭芝龍退守安平，與清征南大將軍博洛貝勒討價還價。

由於清人是馬上民族，鄭芝龍雖不善陸戰，但這時如果他能以其水師之長，背靠漳廈，與清人長期周旋，甚至進取台灣，他個人最後的命運是不致如此不濟、悲慘收場的。但是，由於計較眼前利益的商人本色，他低估了戰爭的殘酷本質，終於一著錯，全盤皆錯。

清順治三年（公元一六四六年）年底，清軍已經抵達南安，鄭芝龍是降是戰舉棋不定，貝勒派人持書至安平給他以高官厚祿相誘，「今兩粵未平，令鑄閩粵提督印以待」。鄭芝龍得書大喜過望，召弟弟鄭鴻逵、鄭芝豹和兒子鄭成功共商降清大計，鄭成功力諫不從，父子絕交。於是鄭芝龍遞表降清。

鄭芝龍到福州見到貝勒後，飲酒言歡，但是到了半夜，清軍忽然拔營，鄭芝龍被挾北上，此後一直由鑲黃旗固山額真劉之源在北京城內看管。由於鄭成功在他降清後高舉反清旗幟，清廷要利用他引誘鄭成功投降，才使得他的生命得以苟延多年。

順治十八年（公元一六六一年），鄭成功北伐失利後困守金門、廈門，最後決定東取台灣。四月二十一日，征台大軍從料羅灣出發，五月占領赤崁，在台灣有了立足點。清人見鄭成功投降的可能性降低，鄭芝龍的利用價值失去，於是在這一年十一月初，秋風凜冽之時，將鄭芝龍以私通鄭成功名義，連同他兒子鄭世恩、鄭世蔭、鄭世襲等十餘人斬首於北京柴市，[15] 結束了這一位開台漢人傳奇人物的一生。[16]

鄭芝龍留給台灣的是，據說他在崇禎三年（公元一六三〇年），因為見到福建旱災嚴重，飢民遍地，便建議福建巡撫熊文燦每人發銀三兩，三人配一牛，移民台灣，從此漢人移台者更眾。

另外，鄭芝龍是十七世紀中西海權遭遇初期，有一套對付西洋人的水戰戰法、能夠從海上抵禦西洋人的大船大砲的有數中國將領之一。特別是一六三三年十月他在對付普特曼斯長官的艦隊的那場海戰中，出動一、兩百艘戰船，把全部艦隊都準備成火船，一鉤住敵船就放火燃燒，一瞬間火焰高高燃起，連荷蘭人都覺得難以置信。而他訓練的水軍更是鄭成功賴以擊敗荷人領有台灣的根基，即使康熙後來攻台的水師，也是建設在兩代鄭氏水軍的基礎之上。可惜，後人只知他曾經是「海盜」和降清的一面，對於他在大航海的時代中，大半生走南闖北，踏平台灣海峽的海浪和號令中國東南海疆的另一面，反而不是知之甚詳了。

【註釋】

1. 另外，《熱蘭遮城日記——第一冊》中譯本所譯荷文本序文中也說：「鄭芝龍不久以前在（東印度）公司任職：先是擔任翻譯員，後來隨荷蘭船在廈門與馬尼拉之間參與海上行劫的工作。」
2. 日本學者永積洋子的研究則認為，是在一六二五年年底至一六二六年年初才不告而別，離開了荷蘭人。
3. 明朝文獻中多次提到李旦，除了奉福建巡撫南居益之命攻取澎湖的南路副總兵俞咨皋曾建議以由李旦斡旋荷人撤至台灣外（《熹宗天啟實錄》第五十三卷），顧炎武的《天下郡國利病書》中也刊載有沈鈇「上南巡撫暨巡海公祖請建彭湖城堡置將屯兵永為重鎮書」，提到「李旦、黃明佐之儔」為在台灣的荷蘭人進行策劃。
4. 又從英國商館租用李旦的房子的情形來看，當時李旦在平戶的主要活動地區也應主要圍繞著座落在平戶港港岸北緣的小範圍內。在此數百米範圍內有王直原來的住所和荷蘭商館。當年的一部分中國商人也應主要在這個範圍內活動。至於鄭芝龍居住的川內浦，則在港區往南還有十幾里地的地方。
5. 例如，《台灣外記》說鄭芝龍是在天啟四年（公元一六二四年）與顏思齊和手下的二十多名兄弟一起從平戶亡命到北港的，在天啟五年（公元一六二五年）顏思齊病故以後，由於天意，而以最小的年齡統領了顏思齊留下的人馬。
6. 據曾任廈門鄭成功紀念館副館長的張宗洽考證，鄭明是鄭彩之父，生鄭彩、鄭聯和鄭斌三子，其墓誌曾在同安灌口一帶出土，是南明監國魯王朱以海所撰。鄭彩是鄭芝龍族侄，與日本關係密切，與在長崎的福建高僧隱元和尚相熟。楊耿海盜出身，曾割掉鄭芝龍政敵何楷的耳朵。陳暉可能是「陳輝」之誤，與東渡日本受到德川家康禮遇的名儒朱舜水有過交誼。這些人都可能到過日本。
7. 有學者考據認為，「十八芝」之說是《台灣外記》穿鑿附會的說法。
8. 在此役中，他的胞弟鄭芝虎和堂弟鄭芝鵠均告犧牲。
9. 傳說後來被令充任鄭芝龍的住宅門衛。
10. 這段期間亦官亦盜的海上武裝力量之間，相互勾結荷蘭人彼此自相殘殺的情況十分普遍。
11. 鄭芝虎後來在一六三五年鄭芝龍與劉香的最後決戰中戰歿。
12. 荷蘭人稱呼為Hambaun，台灣學者翁佳音考證是同安人林亨萬。他是少數領有中國官方對台貿易通行證的一名中間商。從一六三四年到一六四〇年自大員返回中國途中遇風溺死為止，他經常來往於兩岸之間。
13. 這些商人到台貿易都需領取通行證。林亨萬在寫給荷蘭長官普特曼斯的信中抱怨，鄭芝龍的心腹親信排擠他，同他搶生意；而且到台貿易的商人都喜歡使用鄭芝龍的船隻，因為使用他的船隻就不必繳納中國的稅金，使用林亨萬的船隻就要繳稅。林亨萬曾要求荷蘭人優先採購繳納稅金的商人的貨物。

14. 但是，李國助在五月底到廈門後，因手下當中有一百名日本人，鄭芝龍決定將這些日本浪人殺死，遭日人察覺後，又被他們挾帶逃走了，以後不知所終。

15. 據《辭海》，柴市是宋朝文天祥就義的地方，一般認為在今北京東城區府學胡同西口，即明以來文天祥祠所在地。但其地位於元大都城內中部偏東，與元朝王惲《玉堂嘉話》文天祥被「戮於燕南城」之説不合。按元人習稱大都城南的舊中都城為南城。故近人或主柴市應在此城內，即今宣午門迤南及廣安門一帶。但具體地點仍有兩種説法：一主明清時代刑場所在地菜市口，菜市為柴市的諧音；一主即菜市口稍西舊柴炭市。

16. 因鄭芝龍的確切生年無法估算，所以他被處死時的實際年齡多少難以確定。如按《台灣外記》所稱是在一六二三年（二十歲）時到日本，則應為實歲五十八歲左右。如按日本《河內浦鄭氏遺跡碑》等的記載，在更早時就到日本推斷，則他是在萬曆二十三年（公元一五九五年）出生， 六十七歲辭世。

第八章　荷蘭人統治下的台灣

明天啟四年（公元一六二四年），占領澎湖的荷蘭人，在遭到明軍的進攻以後，由宋克長官率領，從九月份（陰曆八月）起陸續撤退到了大員，開始了統治台灣的歷史。

嚴格來說，十七世紀荷蘭人對台灣的統治，是透過執行國家意志的一家公司進行治理的方式來體現的。這種治理既不是完全的殖民方式，也不是無政府式的，它必須絕對服從荷蘭東印度公司的最高經濟和政治利益。

◆荷蘭人統治台灣時期的荷蘭本國最高統治者Federik Hendrik和其妻子Amalia van Solms的畫像。

荷蘭人一開始就選取大員這麼一個小得不能再小的島嶼作為其統治中心，反映了他們的選擇取向。當時的大員只是台南外海的一個荒蕪的小沙洲，呈西北－東南走向，長兩個半里格（league，每一里格約三英里，即約五公里），寬也不過是半里格而已，並不適合作為一個永久治理的中心，充其量只能夠成為一個小小的貿易站，而荷蘭人卻選定了此地，因此在初期，與其說他們想占領台灣，還不如說只是想在台灣的旁邊建立一個可對大陸和日本進行貿易的落腳點。[1]

低潮時，從大員的南端可涉水前往台灣本島，而大員與台灣本島之間則有一道小小的海灣，適於荷蘭船隻停泊、避風和避免受到攻擊，因此宋克長官在沒有太多考慮下，就在這裡立足了下來。

荷蘭人一到大員，就在沙洲北端偏東處建造市鎮，招徠華人和日本人在此進行貿易。又用從澎湖拆除堡壘運來的材料，在沙洲北端靠西與市鎮相隔一段空間處築城，大概花了兩年工夫完工。他們先是以領導荷蘭人反抗西班牙人統治的統治者威廉在法國南部的封地奧蘭治郡（Orange）為名，將這個城堡取名奧蘭治城。一六二五年一月十四日改稱普羅岷西亞（Provintia）。但是，一六二七年十一月九日科恩總督給十七人董事會的信中提到，不久前他已命令以荷蘭第二大省Zeelandia之名改稱之，這就是中國官方文獻以諧音稱呼的「熱蘭遮城」。幾年後（一六三四年）又在靠南高地上再建一副堡，以荷蘭地名Utrecht命名，也就是中國人所稱的烏特列支堡。另外，建城初期，荷蘭人又緊鄰城堡北方外緣建造了商館和荷蘭長官住宅，到一六四四年時已完成了圍牆和必要防禦設施。為了這些建設設施，荷蘭人常年利用中國帆船從福建運來石材和其他建築材料。

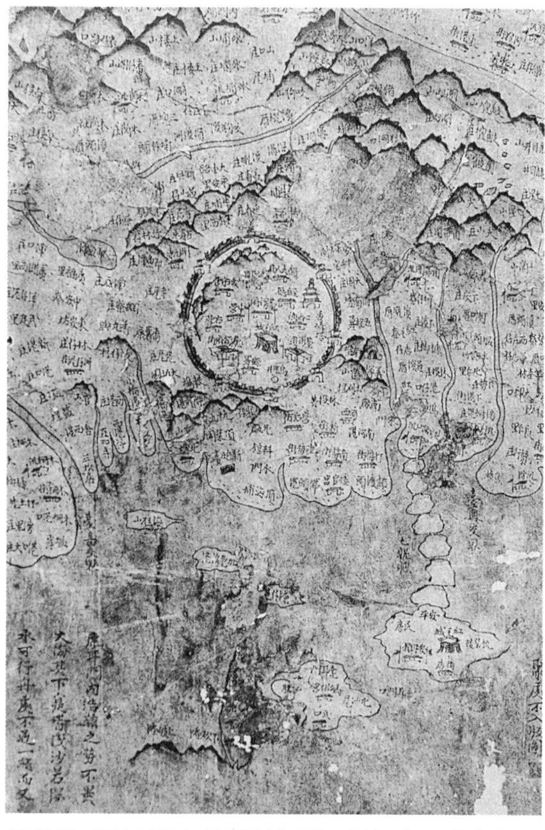

◆台灣古圖中，大員與台灣本島的關係圖。

一六二五年一月，宋克被正式任命為首任台灣長官（Governor），也就是台灣的最高統治者。同時因為荷蘭人到了大員以後，中國移民即不斷增加，所以決議在海灣對過台灣本島叫赤崁（Sakam）的地方，另外設立新的街市，取名普羅岷西亞（Provintia），安排華人和日本人到那邊定居。宋克決定向台灣本島的土著買地。他以十五疋粗棉布的代價從新港社人手中買下了大片土地。二月十九日，由宋克、德韋特（宋克離台後繼任為第二任長官。宋克在一六二六年十二月於返回荷蘭途中，溺水死於南非好望角）和其他三人組成的評議會（Council）開會批准了這項買賣。

荷蘭人選定的這塊地方有一條淡水河流過，土地肥沃，野獸成群，有很多魚類棲息的沼澤。他們期待開闢出新的街市後，利用這裡富饒的漁產可以把前往澳門和馬尼拉通商的中國人吸引過來，打開對華貿易的局面。

從一開始，如何打開對華貿易局面和進一步促進對日貿易，就一直是荷蘭人的主要考慮所在。而他們在占台期間，自始至終，也都是服膺東印度公司的最高利益，以獨占對華、對日貿易和排斥葡萄牙人及西班牙人的亞洲貿易為首要目標，把傳教擺放在次要地位。但是在對華貿易方面，他們既要面對鄭芝龍

◆清人所畫的赤崁樓古圖。此處原為設在赤崁的普羅岷西亞城，後人在原址上改建成中國式城樓建築。現址在台南市中心鬧區內。

的競爭與明朝官員的抵制，也要防範日本人和西班牙人勢力的侵入。到了統治後期，對內同漢人的矛盾深化，對外隨時懼怕被滿清人打敗了的明朝官員和鄭芝龍的殘部把他們趕走，因此，荷蘭人在台灣期間並無一套長治久安治理台灣的藍圖。

此外，荷蘭人對台灣的統治，從頭到尾，也都是以軍事實力為後盾的貿易治理為其統治模式，它既不同於在日本的商館的簡單運作，也沒有辦法從大半個地球以外的本國輸入大批荷人進行長期殖民，因此在三十八年的統治當中，為後人留下的「政績」可以說寥寥可數，也沒有可供尋找的多少殖民痕跡遺留後世。有的只是他們占台時期，對先住民施行教化的一些「痕跡」，和為了通商與開發糧食及蔗糖的生產，而吸引大批漢人開始進入台灣以後，使台灣成為漢人主體社會的歷史鴻爪。我們要了解荷蘭人的這段統治歷史，也就只能主要依靠他們所留下的公司檔案，去探索他們的是非功過。

對外貿易

荷蘭人東來亞洲的目的就是要賺錢。他們立足大員以後，就不斷想方設法

荷蘭人統治台灣的珍貴史料——荷蘭檔案

後人對荷蘭人統治台灣時期政治、經濟和社會的理解，主要依賴明朝文獻的記載和荷蘭人本身的檔案和其他記錄。前者，因中國當時還是農業社會，對事務發生的記載仍處於感性處理，因此存在很多不精確之處，而且往往過於簡陋。

相對的，荷蘭人因為已經開始進入資本主義時代，對其商業和其他活動，有很多便於後人研究需要的文字記錄，而且附帶許多數字作為佐證，因而對後人了解這個時期的社會，提供了很多的寶貴素材。另外，活字印刷術在歐洲的風行和書本、地圖印刷的活躍，也給史料的收藏提供了寶貴的手段。

更寶貴的是，十七世紀的西洋繪畫已經進入非常成熟的階段，進入了尋常百姓家庭，因此，後人也可以透過這些繪畫去發掘這個時期荷蘭海外活動的風貌，從而給我們對台灣當時的歷史，增加了很多直接的認識。

在這些形形色色的資料來源中，最主要的研究材料是不同形式的檔案記錄。大致來說，這些檔案記錄分為以下幾類：

一是東印度公司巴達維亞總部連同亞洲其他區域的資料一起送交荷蘭總部的記錄。目前最常被引用的是海牙國家檔案館收藏經日本學者村上直次郎譯注、中村孝志校注整理出來的《巴達維亞城日記》。還有就是新近由台灣移居荷蘭的學者江樹生整理翻譯出來的《熱蘭遮城日記》，這是荷蘭人統治台灣的行政中心的日常記事檔案，其史料價值更為珍貴。

但是，《熱蘭遮城日記》主要是一些行政記錄和活動記錄，沒有涵括荷蘭人活動的全部內涵，還有大量當時的原始檔案，包括公司決議、開會記錄等，可能在荷蘭人與鄭成功政權移交之時失去了蹤跡，下落不明，但這些卻是珍貴的原始資料。

另類的輔助資料是熱蘭遮城與東印度公司設在各地的商館的通信或私人通信、傳教士的描述，以及當時荷蘭人和其他歐洲人出版的書刊，如蘇格蘭人甘為霖牧師一九〇三年彙編的《荷蘭人統治下的台灣》中所蒐集原始著述。

◆東印度公司巴達維亞總部。

打開兩岸貿易，希望能夠從對華貿易中取得利益。

原先他們撤離澎湖時，據說曾得到福建官員私下默許，將派員到大員與他們通商，但是他們在大員住定以後，所期待的中國商船顯然沒有到來。不得已，他們請求擔任中間商的李旦前往廈門和福州那邊向官方疏通。可是，李旦事情並沒有辦成，可能還吞沒了不少荷蘭人用來賄賂中國官員的錢。一六二四年年底他從廈門回到大員以後，向中國官員疏通的角色，改由在廈門的代理人許心素替代。

荷蘭人抵達大員之後的第二年二月，由於向許心素預付了四萬里爾的貨款購買生絲後，貨物卻遲遲沒有運到大員，一急之下，就開了兩艘船到廈門交涉，許心素趕快派船送了二百擔（皮庫）[2] 的生絲給他們，荷蘭人也趁機向福建官員抱怨他們沒有如約派人到大員貿易，並且表示要上書熹宗皇帝告狀。

福建官員是得到了許心素的好處而默許許心素一人獨自壟斷與荷蘭人的貿易的，在荷蘭人指責後，有點老羞成怒，以他未按約定，允許荷蘭船隻出現廈門的名義，狠狠地向他敲詐了一筆。

但是，許心素壟斷兩岸貿易的問題尚未解決，鄭芝龍的勢力又在台灣海峽崛起。從一六二五年年底他自立門戶，到崇禎元年（公元一六二八年）年底被明室收撫為止，有三年多的時間，他一直都控制著兩岸之間的海上航道。荷蘭人做不成生意，與鄭芝龍的關係開始惡化，而有一六二七年十月襲擊鄭芝龍的行動，結果反而大敗，許心素的廈門基地也在次年被鄭芝龍攻破，他自己則被鄭芝龍砍下了腦袋。

眼看鄭芝龍的勢力更大，荷蘭人改而利用不滿鄭芝龍的一些海上武裝勢力對付。但是這些武裝勢力與荷蘭人之間鉤心鬥角，最後還是為鄭芝龍逐一擊破。崇禎五年（公元一六三三年）荷蘭人草率進襲鄭芝龍反遭痛擊後，遭到了進入中國海域以來前所未有的大挫敗，鄭芝龍形成了一統閩台海域的局面，荷蘭對華貿易幾乎由他壟斷，但也因為中國船隻的航行台灣海峽的安全得到了保護，反而促成了商船的源源到台。荷蘭人占領台灣將近十年，其間對華貿易可謂一言難盡，最後卻是在嚐到了鄭芝龍的厲害後，才在他的庇護之下開始走上了坦途。

總計，從一六三四年到一六四〇年之間，荷蘭人在台灣輸入的大陸貨物金額，膨脹了將近十倍，一六三五年的《熱蘭遮城日記》記載說：「在這麼短的期間裡，有這麼多的物品自中國來到，是過去所沒有的。」次年的《熱蘭遮城日記》又記載：「蒙神之恩典，大員的貿易正如所期一般，繁榮興盛。」

◆荷蘭人占領大員的早期景觀，以及商船在熱蘭遮城前絡繹不絕的活動情景。

隨著福建對台貿易的興旺，台灣的轉口貿易也轉趨繁盛。從一六三六年起，從台灣前往日本和巴達維亞的船隻數量顯著增加，這一年輸往兩地的貨物量為一六二七年的兩倍以上。

但是，輸往日本的貨物當中，並不全是從大陸轉口的貨物或台灣本地貨物，有些是從巴達維亞或南洋其他地方過來的。例如，一六三七年五月十七日從巴達維亞出航經廣南（越南）於六月二十一日抵達大員的Den Otter號，是當年夏季第一班巴達維亞來船，載有胡椒、檀香木、蘇合香、象牙、樟腦、木香、甕肉和肥肉、葡萄酒、橄欖油和醋等物，七月十日又出航日本，載去絲、布匹、水銀、白臘、鹿皮和象牙等大陸轉口貨，以及台灣本地貨（鹿皮）和南洋轉口貨等物。

另外，從大員也有船隻前往暹羅，一六三七年二月十四日的《熱蘭遮城日記》記載：「長官與這商館的議會開會決議，要把平底船Rarop號要運往巴達維亞的那三千包日本米卸下一半，儘量裝上所能運走的糖，以便用這艘Rarop號以及下次將從日本來的平底船Swaen號，把今年波斯需求的糖全數運去。」

這種轉口貿易到一六四〇年達到高峰，最遠的達到印度和波斯灣沿岸，其中以對日貿易為其大宗，占該年七七〇萬荷盾輸出總值的七成多，達五六四萬荷盾之多。

對日貿易當中，相當一段時間內以絲和鹿皮為大宗。

從一六三三年起，荷蘭人賣到日本的中國生絲數量不斷增加，從一六七六斤增加到一六四六年的十五萬斤以上。其中以一六三八年最多，達將近二十萬斤。絲織品數量也一樣，從一六三三年的三千二百多斤，增加到一六四〇年的五十萬斤以上。但是，從一六四一年起，日本鎖國，由於荷蘭的平戶商館被迫遷往長崎，日本開始對荷蘭嚴格執行「絲割符制度」[3]，和鄭成功家族投入直接對日貿易競爭等因素，荷蘭對日的中國絲貿易即告日走下坡。到一六四五年降至四萬四千斤左右，到一六四八年甚至一斤都沒有，到一六五四年雖然回復至六千斤左右，之後還是年年歸零。絲織品的情況也是如此，從一六四六年以後情況每下愈況，交易微不足道。

鄭芝龍剿平劉香集團而成為台灣海峽的霸主以後，鄭氏家族有計畫地逐年減少對台輸出生絲，相對的，對日的生絲交易卻不斷增加，例如，一六三七年從中國大陸輸往日本的生絲只有一・五萬斤，可是到一六四五年，從大陸輸出的已上升到十五萬斤以上。其中，一六四一年鄭芝龍從安海派往長崎的六艘商船，運載的生絲和絲織品分別為三萬七百二十斤和九萬四百二十斤，占當年所有中國大陸商船輸日生絲和絲織品的百分之二十四和百分之六十七。這種在對日貿易上的鄭荷競爭，一直到一六六二年荷蘭人結束對台統治為止，中間雖經明朝滅亡前後的戰亂，也都沒有停止過，而且都是以鄭氏海商勢力（包括鄭芝龍之後的鄭成功的海上勢力在內）為主要壟斷角色，荷蘭人始終難以匹敵。

由於壓制了荷蘭人而取得對日絲品貿易的絕對優勢，據說鄭芝龍在崇禎十三年（公元一六四〇年）自澳門和廣東聘僱了大批紡織工遷居他居住的所在地安海，為他紡織出口絲織品。

為了彌補對中國絲難以掌握來源的情況，荷蘭人開始開闢越南和孟加拉的生絲貨源，於一六三三年、一六三四年起由東京和廣南（均在越南）輸入生絲（黃絲）。孟加拉絲貿易在一六五〇年以後持續增長。一六五五年中國產的白絲停止輸入大員以後，荷蘭生絲貨源供應完全由孟加拉取代。

在日本戰國時代，已開始使用台灣鹿皮作為護身。台灣鹿皮除了可防寒以外，還可以作刀筒和武器的外套，豐臣秀吉本人即有一件用台灣鹿皮作的護身衣。荷蘭人領台以後，把鹿皮作為其主要出口貨源之一，鼓勵漢人移民大量捕鹿，利用課稅方式發給獵鹿執照，導致先住民與漢人關係不佳。但是，鹿皮無疑是荷蘭人貿易利潤的主要來源，也是唯一能與中國貨品相競爭的貨源。因此，據估算，從一六三三年到一六六〇年，每年輸往日本的台灣鹿皮從一萬多張到十幾萬張不等。最高年度為一六三八年，達十五萬張以上。然而，大量野鹿被宰殺後，鹿的數量急劇減少，台灣的原始自然生態遭到了巨大破壞，雖然在一六四〇年曾經禁獵一年，此後在利潤的驅使下仍大量捕殺野鹿。荷蘭長崎商館的館長Reinier van Tzum在一六四六年的報告中說：「長崎商館的利益約和往年相同，除鹿皮外，並無多大利潤。」

但是荷蘭貿易，在經歷了從一六三四年開始的將近十年的順境後，突然出現變化，主要體現在轉口輸出上面。一六四一年從台灣向巴達維亞發送貨物總額為七十一萬多荷盾，但是一六四三年首度出現下降局面，下降到五十三萬多盾，一六四四年雖有所回升，但無法恢復到一六四一年的局面，而且從一六四四年以後，年年大幅下降，到一六五六年只達到不到十六萬盾的款額。

貿易局面出現逆勢的主要原因是中國大陸滿清入關後政治局面的惡化。荷蘭人在《巴達維亞城日記》中提到，由於各省戰亂，盜賊出沒於生絲市場，貿易受阻；還提到，載運瓷器、砂糖和絹絲品到大員的中國商販都哀嘆戰亂，瓷器製造者很多死去，沿海海賊增加，商品輸出困難。

另一方面，隨著貿易局勢轉趨不利，荷蘭人轉而把更多的精神投入島內的開發，加上中國沿海移民到台灣的人數不斷增長，許多人投身甘蔗的種植，因此，在同一時期蔗糖的輸出反見增長。一六三三年台灣輸往日本的砂糖只有二千五百斤，一六五二年以後甘蔗產地持續擴大，輸日砂糖數量不斷增加，到一六五九年期間，已上升到六十多萬斤。

◆荷蘭人當時在赤崁樓所挖掘的水井，後人稱之為紅毛井。

島內的征討和擴張

荷蘭人到大員的初期，由於專注於打開對華貿易，並沒有花心思在對台灣島的開發上。可以說，從他們到大員以後，直到同鄭芝龍的關係穩定下來為止的整整十年期間，活動範圍大體不出於大員和台灣島上鄰近的先住民村舍。這種局面到一六三四年以後才開始轉變。

促成荷蘭人將注意力開始轉向對島內

擴張的原動力來自幾個方面。最主要是他們與鄭芝龍達成和解，中國大陸的商船到台灣貿易有了保障，使他們有餘力去注意如何更長遠地經營台灣。另外，向先住民傳教也是一個很大的動力。

一六三五年年底，荷蘭人跨出了征討先住民的第一步。第一個征討對象是麻豆社。十一月二十三日，普特曼斯長官以麻豆社殺害荷蘭人和與其盟友新港社結仇名義，率領五百名荷兵進攻麻豆社，殺死了男女和小孩二十六人，讓新港社人將他們的頭顱當戰利品拿去。普特曼斯並將整個村莊放火焚燒，夷為灰燼。

十一月二十八日，麻豆社兩個村莊的長老在荷人高壓下向荷蘭人要求歸順，荷人提出了歸順條件，其中包括交出被害荷人骨骸、不再對抗荷人及其盟友、不得干擾燒石灰或收購鹿皮的漢人等。接著在十二月底，普特曼斯又率領五百名荷兵和新港社人四、五百人進攻大員東南方十二、三浬的一個村社，將所有住房夷為平地。

一六三六年一月，荷人又討平蕭壠社。並於二月四日與塔加里揚、下淡水、大木連、塔樓各社締約，使公司的領域邊界，南邊擴張到熱蘭遮城以南十五浬，北邊直到華武壠（Vavorolang，在魍港北邊七浬處），東邊直到一天半路程地區。

四月份荷蘭長官和評議會決議征討小琉球，二十一日荷軍抵達該島，遇十數人抵抗後以槍還擊，村民逃跑，於是荷蘭人如入無人之境，進入村莊縱火焚燒。島上婦孺逃往洞穴躲避，男子散逃島上各地。最慘的是在一個洞穴中，躲了大約五四〇人，約有二百到三百人死在裡面（荷人記載，因為太臭，裡面到底死了多少人無法確實計算）。總共從四月下旬到六月二日，在新港社人的配合下，島上約一千人的人口當中，已有五百多人被俘獲解送大員，其中生還男女老少四八三人（男一三四人，女一五七人，小孩一九二人），事後並還陸續有俘虜解到。荷蘭議會決定，所有的女人和十歲以下男女小孩都要分配給新港社人，男人要送往巴達維亞。

六月三十日，還在小琉球島上躲著的土著居民實施報復，殺死了三名荷蘭士兵。普特曼斯緊急動員附近各社先住民約三百人配合加派的三十名士兵前往該島，並建議率隊上尉「要用各種可能的手段，把該島上的居民，或殺或抓，全部清除。」七月十二日，率隊上尉回到熱蘭遮城，回報取下了三十顆首級，並生擒一名青年，剩下的人全部都被從鄰近村莊一同前往作戰的先住民砍下了頭。

到一六三六年年底，已經討平台灣島南部大部分地區，與荷人締約求和的村社有五十七個。這一年，台南以北十五社和以南十三社的代表聚集新港社，向普特曼斯宣布效忠。

在此同時，顯然是要仿傚西班牙人在南美開發金礦的成功經驗，荷蘭人積極探索東海岸，尋找黃金。在結束了南部的征討後，一六三七年二月三日派出了一名中尉軍官到瑯嶠（今屏東恆春），有一位在瑯嶠、卑南（在今台東縣）和其他地方遊走了十四年的漢人告訴他，從水路比陸路前往傳說產黃金的卑南更為便捷。十八日該名軍官返回熱蘭遮城報告情況。

四月十九日，在一名首席商務員的率領下，又有十二名荷人和十五名漢人，準備了兩個月的糧食和作戰武器，搭乘一艘中國帆船前往卑南，希望與當地居民訂約和查出產金所在。因風浪關係，在瑯嶠避風到五月十日，次日航抵東海岸，因船隻隨時有撞上岸壁的危險，只好再返回瑯嶠避風，直到十七日再度前往卑南，又因大風，二十五日無功返抵大員。

次年（一六三八年）一月二十二日，又派出一三〇名士兵，乘三艘帆船經瑯嶠往卑南，繼續探查金礦。一月三十日在太麻里村莊遭到堅強抵抗，經猛烈射擊後村民陣地被占，配合荷蘭人的瑯嶠族人割下了四十顆頭顱，俘虜了七十個女人和小孩。荷蘭人隊長把村莊的三百間房子放火燒掉。荷蘭人除死傷和生病者外，剩下的一百多人繼續往卑南方向前進。

二月一日，荷人抵達卑南，這裡位於一片平坦的農地上，種植很多檳榔和椰子樹，人口約三千人。荷人在此廣結善緣，締結盟約，希望查明金礦所在。

這次的任務持續了數年，後因翻譯和士兵在當地遭到先住民村民殺害而不得不中斷。為此，第六任長官特羅登紐斯（Paulus Traudenius）在一六四二年一月曾率士兵二千三百多人前往征討。不過，荷蘭人台灣東部尋金的行動，也使他們打開了同東部的聯繫和往來。

在一六四二年占領台灣北部的西班牙人被驅走之後，荷人也曾僱用居住雞籠（今基隆）三十多年的日本人九左衛門及兩名先住民頭人，調查東北海岸的黃金情形。

不過，荷蘭人的這些勘探行動，並沒有什麼結果。

從一六三六年年底到一六三八年年底，華武壠社不服荷人統治，特別是不滿漢人領取荷人執照在他們的區域漁獵，把幾名漢人射死和射傷。當時的長官范得堡（Johan van der Borg）「為要懲罰哪些可惡的華武壠人」，於十月二十五日在一千四百名其他村社的先住民的協助下，把三千五百個華武壠居

◆十七世紀荷蘭人在台灣對平埔族宣教時所建立的教會。

民和他們當中的八百個戰士趕跑了，並任由其他村社的人把華武壠人的二十二顆頭顱砍下。荷蘭人撤退時還忙著點火和破壞，有四千家房屋和米倉及栽種的檳榔和椰子樹被毀壞。在一六三八年十一月二十七日，范得堡又再度率領一支二一〇名士兵的部隊前往征討，把華武壠社村莊的一條街放火燒燬，並且抓了四名長老到大員。

一六四二年八月，荷蘭人驅逐了從一六二六年起占領台灣北部長達十六年的西班牙人。從一六四四年起，因雞籠、淡水等地附近先住民村社不服統治，荷蘭人數次發起征剿行動，到次年三、四月間，宣布從大員到台北全線安全，西部平原上的先住民「全部歸服了公司」。

也是從一六四四年起，荷蘭人對島內先住民開始進行戶口登記。第九任長官華特（Pieter Antoniszoon Over't Water）事後報告全島有二一七個村落已經歸降荷蘭人。一六四七年在送交巴達維亞總督的第一份「番社戶口表」稱，荷蘭人統治下的先住民村落共二四六個，有一萬五千二百四十九個住戶和六萬八千六百五十七人。

基督教的傳播和先住民的治理

荷蘭人對降服台灣的先住民，開頭是以傳播基督教進行教化的方式來推行。從事這項工作的是屬於喀爾文教派改革教會（de Gereformeerde Kerk）領取公司薪金的的神職人員。他們直接向台灣長官和巴達維亞總督匯報工作，不時向他們提出工作報告。他們可以攜帶配偶來台居住。

第一位來到台灣的是甘迪留斯牧師（Georgius Candidius）。他抵達大員的時間是一六二七年五月四日，前後在台灣一共居住了八年（一六三一年曾被調回巴達維亞，一六三三年再度返回，最後是在一六三七年離開）。第二位是尤紐斯（Robertus Junius），一六二九年抵達，共住了十四年。總計，在荷蘭人統治台灣期間，先後有三十二人次在台灣傳教（其中有三人曾經兩次來台）。

甘迪留斯牧師對他所在教區即大員和赤崁一帶新港社的先住民有很高的評價，認為他們的聰明程度超過了南洋摩鹿加群島（香料群島）或爪哇島上的摩爾人。他說，新港社人聰明而記憶力強，他一個星期就教會了他們在南洋其他地方要兩個星期才能教會的東西。他又認為新港社人腦子會轉彎，願意接受基督信仰，而在巴達維亞，雖然經過三位牧師的努力，卻沒有一個人轉化為基督徒。

作為吸引先住民接近的手段，甘迪留斯從物資引誘著手，以好酒好菜招待頭人，然後又送上一些布匹，但是他也主張用嚴厲的法律手段對付不服統治的轄下七個村莊的居民。

接任的尤紐斯牧師更進一步，主張拉攏一個社攻打另一個社。譬如，在一六三四年十月底，荷蘭議會決定按照他的建議，派出六、七十名士兵協助新港社人同塔加里揚人作戰，因為他認為「這樣做，對主的工作很好」，而且可以使新港人與荷蘭人「結合起來」。

對於傳教的進展，尤紐斯在一六三七年一月曾經寫信給荷蘭長官說：「本月四日已經在目加溜灣舉行第一次安息日禮拜，用他們的語言宣講了神的話語；他們都很認真恭敬地聆聽，他們也遵行基督教的基本教義，天天禱告。願親愛的神讓這些值得稱讚的開始的工作，在這些瞎眼的異教徒當中，越來越發展。」

一六三六年，尤紐斯在台灣設立了第一所小學，收取了新港社的二十名少年入學。接著附近各社也陸續開辦學校，並訂有上學獎勵辦法，提供稻穀或金錢獎勵。到一六三九年，新港等五社學生數多達四百多人。後來又開辦成年班，一六四七年在精通先住民語言的新到任牧師哥拉韋斯（Daniel Gravius）的推動下，新港等五社的少年班學生已達五五七人，成年男、女班也達到五百多人。

◆精通先住民語言的荷蘭牧師哥拉韋斯畫像。

到一六三九年年底，大員附近幾個村社已經有了相當的受洗人數，其中新港社一〇四七

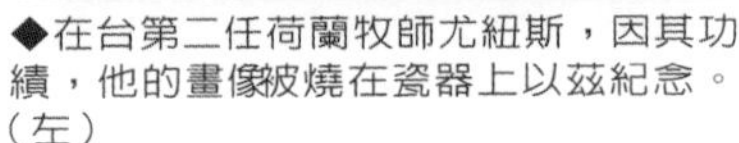

◆在台第二任荷蘭牧師尤紐斯，因其功績，他的畫像被燒在瓷器上以茲紀念。（左）
◆新港文書中的土地買賣契約。（右）

名人口數中受洗的人達到百分之百，大目降社一千人口中受洗者達到五分之一，有二〇九人，目加溜灣社的一千人口當中受洗的達二六一人，蕭壠社二千六百人中，受洗的有二八二人，麻豆社三千人中受洗者二一五人。

為了彌補師資不足，還從先住民中挑選教師，給予每月伙食補助。一六四三年九月二十五日評議會的會議記錄記載說，有五十名本地教師完全接受了基督教教義的教育，每月酬勞一里爾，鼓勵他們熱心教學。至於授課則採拉丁文拼寫當地語文方式。影響所及，在荷蘭人辦過學校的一些村莊中，到了清代，仍然發現用拉丁文書寫的契約文書。

除了以基督教的傳播「馴化」先住民外，荷蘭人還建立地方會議（landdagh）形式的政治統治組織，實行村民自治。這一方面是為了便於管理，另一方面也是出於實際的需要，因為荷蘭人並無足夠的人手派駐每一村社。

地方會議是慢慢形成的，最先是荷蘭人透過村民選出的長老（村長）管理村內事務。一六三六年二月，尤紐斯牧師召集大員以北的長老們在赤崁開會，要求他們向荷蘭長官普特曼斯效忠。這是荷蘭占台以來的第一次長老集會。一六四一年四月新任台灣長官特羅登紐斯又召集大員南北各村四十二名長老在赤崁集會，正式宣布這種會議為「地方會議」。到一六四四年卡郎（Francois Caron）擔任台灣長官時，他在赤崁舉行的地方會議中宣布今後將每年召開這種會議一次。

他又將台灣劃分為北部、南部、卑南和淡水四個地方會議區，各管轄數十個村落，每年開會一次。

漢人大批來台

荷蘭人占領大員以後，是中國的漢人開始較大量過海來台從事各種活動的時期。這些漢人當中，有的到了台灣以後長期居住了下來，在台灣繁衍生根；有的只是從事短期活動，事情完畢仍舊回去中國。他們來到台灣，使原來只有兩、三千人的漢人聚落，一下子熱鬧起來。

這段時期，比較早見諸於荷蘭人文字的漢人來台活動，記載的並不少。例如，《熱蘭遮城日誌》一六三二年十二月五日記載：「有二十艘漁夫的中國帆船（按：原譯「戎克船」，這是由福建語中的「艅」或「艚」轉為洋名的諧音，在此改回中國話口語中的稱呼）從中國抵達。」十二月六日記載：「長官普特曼斯閣下……騎馬前往新港；有二十五艘中國帆船從中國沿海抵達，公司的那兩艘中國帆船也從中國沿海載著水泥抵達，其中一艘是一官的母親鄭媽的船，載來三百擔糖和三擔生絲。」在這裡，很清楚地指出了替鄭芝龍掌管家族貿易的二媽（鄭媽）黃氏也來到了台灣，而且是搭乘自己的船前來的。[4]

一六三五年以後，台灣海峽在鄭芝龍的完全掌控之下，出現了比較平靜的局面，因此大陸和台灣之間船隻的來往可說相當頻繁。例如，一六三六年十二月來台灣的漁船有四十七艘，一六三七年十二月是二〇七艘。一六三七年八月來台的商船有二十九艘之多，九月從台灣回去大陸的則有三十艘以上。如以一六三七年全年有三、四百艘漁船來台，每艘以一、二十人計算，這一年從大陸來台捕魚的就有六千至一萬人之多。又如一六三九年的《熱蘭遮城日記》記載，從三月下旬到八月下旬，幾乎每天都有中國人來台，如三月二十四日從廈門來十七人，二十五日從中國沿海幾個地方來一〇二人，三十一日從廈門來四十五人，……八月二十日從烈嶼（小金門）來二十五人，二十四日從廈門來三十五人，二十六日從福州來二十五人。可見這時漢人來台已經逐漸成為風潮。當然，這些來台漢人當中，並不都是移民，有些人還回中國。例如同年十月十四日有一艘帆船回廈門，載有二十七人，還有一艘往海澄，載有十二人。只

◆公元一六三六～一六四五年荷蘭東印度公司的總督狄門（Van Diemen）。

是，比例上來台灣的多，回中國的少。

據一六三八年十一月十八日巴達維亞總督狄門（Antonio van Diemen）向公司十七人董事會提出的報告書說：「在台灣的荷蘭人支配地區內，約有一萬至一萬一千名的漢人，從事捕鹿、種植稻穀和蔗糖以及捕魚等活動。」

從一六四四年滿清入關以後，明朝江山風雨飄搖，福建漢人形成了移居台灣的另一個高峰。一六四八年，《荷蘭長崎商館日記》記載：「據大員和長官和評議會的信函，自中國輸入的貨品極少，逃出本國的中國移民甚多，已超過了七千人。」一六五〇年，台灣長官費爾堡（Nicolaes Verburgh）估計，在台灣的中國移民已達一萬五千人。到一六六一年鄭成功發兵台灣為止，大員附近「已形成一個除婦孺外擁有二萬五千名壯丁的殖民區」。

來到台灣的漢人從事著不同的行業謀生，其中以捕魚、農耕、貿易和打獵為主。

一、捕魚

早在荷蘭人來到台灣以前，就已經有漢人在此捕魚。一六二三年荷蘭艦隊司令雷約茲從澎湖到台灣勘察港口形勢的時候，就曾經在大員附近遇見過一艘中國漁船。

荷蘭人到台以後，從新港社原住民手中收購赤崁，即帶有吸引中國人前來台灣從事貿易用意。一六二五年四月九日《巴達維亞城日記》記載：「選定的地點，一方有淡水的河川，土地肥沃，野獵群生，又有很多魚類棲息的沼澤，沿岸亦有很多魚類，故中國人和日本人一定會移住前來，毫無疑義。」此後，大陸漁民來到台灣的逐年增加。

一六三二年十二月五日的《熱蘭遮城日記》記載說，頭一天才自中國抵達大員的三十八艘漁夫帆船已在今天出航前往台灣南部捕魚。這是荷蘭人較早的有關大陸漁民到台捕魚的文字說明。一六三二年十二月七日又記載：「有四五艘漁夫的中國帆船從中國來，大部分滿載著鹽。魚網和其他捕魚的需用品。」

當時的漁場主要在南台灣沿海，從笨港（今雲林北港）到打狗（高雄）、淡水（下淡水）一帶，捕抓的魚類主要是烏魚，魚季是在十二至二月之間。漁船攜帶的鹽，顯然是用來醃魚的。

中國漁船的到來，除了為荷蘭人帶來貿易之利和需用物品外，也成為他們的一項稅收來源。這些漁船搭載的物品有絲綢、瓷器、鹽、米、茶葉、砂糖甚至磚頭等，回程則常攜帶鹿肉、鹽烏魚和烏魚子等。漁船進港後須先向荷蘭領取執照才能前往各漁場捕魚，捕完魚後再回到大員繳納什一稅。

不過，漁民到台是屬季節性活動居多，魚季過後，又多回到大陸，定居者可能屬少數。但是，在台灣一些內陸河川也住有一些中國漁民。一六四五年十月二十五日台灣評議會寄給東印度公司的報告說：「布倫（S.van Breen）牧師他發現很多我們以前所不知道的河川。在這些河川中有中國人在佯為捕魚。他們在這些河川部分，享有很多的自由，並煽動土人，反抗公司。在我們到達時，他們或逃至山中，或逃至淡水，或脫身至船上，啟帆逃走。我們捕獲四

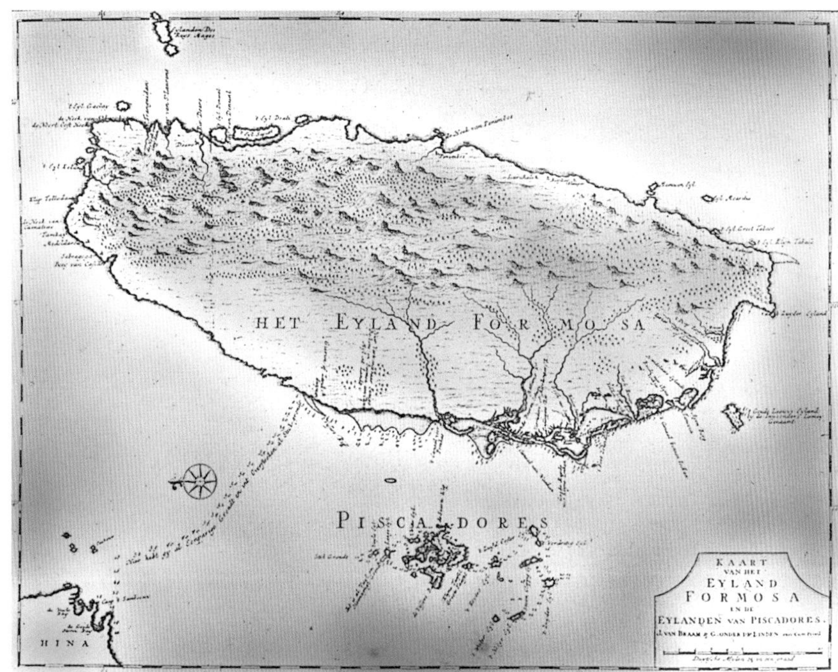

◆荷蘭人手繪的台灣島與澎湖島地圖。在這張一六三六年左右以荷蘭文標示的台灣老地圖中，已較準確地畫出台灣島的輪廓。

名，加以嚴厲的拷問。他們承認秘密住在那裡，已有多年……其中，有一名是海盜餘黨，按例以車裂刑處死。」

二、 農耕

荷蘭人在台灣的人數很少，他們也沒有從本國大量移殖人口到台灣的計畫。因此在農業的生產上必須仰仗漢人移民。但是，他們在占台初期，仍舊專心從事貿易，對農業並不重視，大米和糧食都要從外頭運進。到兩岸貿易的通路暢通以後，才鼓勵中國移民來台，開發大片土地。

荷蘭人仿照他們在印尼的生產方式，最先獎勵漢人移民種植製糖的甘蔗。一六三六年十一月二十六日《巴達維亞城日記》記載：「在赤崁的地方，中國農夫繳交公司而運送日本的糖，白糖有一萬二千零四十二斤，黑糖有十一萬零四百六十一斤，並且栽培愈盛，明年預定生產三、四十萬斤。」一六五〇年蔗糖產量達到歷史的高峰，公司從農民手中購入的砂糖大約三百五十二萬斤。

荷蘭人還同時獎勵稻米的生產，並從澎湖運來很多牛隻。在一六四〇年年底，公司和私人已經擁有超過一千二百到一千三百頭「有角的牲畜」。另外也招徠有地位的商人組織生產，或借貸小農開地種植。

組織大商人生產的方式類似於同期的荷蘭人在紐約州招募本國有錢人圈地開墾的政策（patroon）。荷蘭人把在台灣的土地都據為「王田」，然後召集有財力的華人申領耕種。被召的華商主要是巴達維亞的華人富戶，當時最著名的一位是蘇鳴崗（Bencon），他在一六二九年就已經有船隻往來台灣貿易，一六三六年響應荷人號召到台投資農業，但是經營不順，在一六三九年三月又返回巴達維亞。還有一位是Boijco，是巴達維亞重要的華商林六哥的女婿或兒子，一六三九年在台灣種植甘蔗，是後來台灣漢人社會的僑長。

除了巴達維亞的華商外，荷蘭人也召請來往兩岸的華人巨商投入農業經營。林亨萬就是當中的一個。一六三七年二月十日的《巴達維亞日記》記載：「赤崁及附近各地的栽培，正熱心進行中。有（林）亨萬和居住於同地的（蘇）鳴崗等有資格的中國人，各自選定二十morgaen（一morgen為八千五百一十六平方米）的廣大地域數處，要在那裡開始耕種。……對於公司及（東）印度領地，必定大有裨益，以後就無需向其他國王或領主求取米糧，而不致易於陷於飢餓的危險了。」

到一六四五年，荷蘭人已在三月十一日的《巴達維亞日記》報告說，「傳聞赤崁可以產糖一百萬斤。本年米亦豐作。因此中國人俱熱心耕作，開墾荒地，忙於擴大其田園。」

三、貿易

◆荷蘭人在台灣和亞洲使用西班牙人的「里爾」（八分之一西班牙銀元的價值），從事交易。

荷蘭人的對華貿易一般是透過受命於鄭芝龍或不得不聽命於他的中間商人進行。其中較著名的有林亨萬，和後來獻圖鄭成功趕走荷蘭人的何斌等。另外則是自行前來台灣直接販貨的散商。

這些商人一方面從大陸販貨來台，一方面又轉口販運各地。例如，一六三六年，林亨萬派遣一艘商船從台灣駛往巴達維亞。一六四一年，Peco和Sitsick購置兩艘大船，申請前往柬埔寨和東京(越南)貿易。一六四四年，後來引鄭成功攻打台灣的通事何斌的父親Kimptingh運載貨物到馬尼拉北部的Panassilangh和Kakajen，荷蘭人要他代購黃金。

至於從事島內貿易的商人，到一六四〇年已經遍布全島各地。一六四〇年，有中國商人從淡水運粗製硫磺萬斤到大員。一六四一年三月，荷蘭長官特拉登紐斯的商務員到台東尋找金礦，報告在東部有從事貿易的中國商人。

有趣的是，社會等級的差異因為一些巨商的存在而開始出現。一六三六年，蘇鳴崗在麻豆蓋了一間豪宅，據荷蘭人估計，全部花費為五、六千里爾，而當時一個修理小屋的中國木工的兩天工資才半個里爾。

四、打獵

台灣自古就是野鹿生長之地，荷人據台以前，由於日本戰亂，常以鹿皮作保護甲，需求量很大，所以中國人每自台灣向先住民收購鹿皮，轉販日本謀利。荷人據台初期，一六二五年四月九日《巴達維亞城日記》報告說：「聽說每年可得鹿皮二十萬張。」

荷蘭人來台以後，中國人維持了向原住民收購鹿皮的方式。但是，荷蘭人為了獲得更多的鹿皮，開始鼓勵漢人入山捕鹿，不許先住民阻止，否則派兵鎮壓。不過，漢人要從事狩獵，須先向牧師繳納稅金，領取狩獵許可證。

鹿皮的獲取量到一六四〇年達到了高峰。尤紐斯牧師寫信給公司總督狄門，要求不要再發放狩獵許可證，原因是由於經常的狩獵，鹿的數量已經大大減少；此外，像華武壠社的先住民對漢人的經常捕獵已經產生怨恨，不斷地設法趕走那些漢人，尤紐斯擔心先住民與漢人之間的仇隙會增加他們統治的困難。另一方面，在深山打獵的漢人都是一些窮得無立錐之地的人，他們連許可證申請費都交不出來，只能以尤紐斯代墊的方式，等取得鹿皮以後扣繳。雖然尤紐斯盡量壓低他們的鹿皮收購價格，每一百張僅得十個里爾，但是比起向中國人本身借錢，又似乎好了很多，因為中國人的高利貸是每月百分之四或五的利息。這些獵人就是在先住民的仇恨和荷蘭人或本國人的剝削之間求生存的。

由於大量捕殺野鹿，台灣鹿的數量急遽減少。到荷蘭人統治結束進入鄭氏統治時期，「收皮之數每年不過五萬張，或曰萬餘張」。

西班牙人的北部占領

十六世紀末期，為了防範日本人南進襲擊馬尼拉，西班牙人曾有征台之議。萬曆二十六年（公元一五九八年）夏天，在薩瑪第奧（Don Juan de Zamadio）的率領下，兩艘兵船，共兵員兩百多人，曾經從菲律賓出發，首次往征台灣。但因風向變化，出現逆風，最後無功而返。

荷蘭人占領台灣以後，為了打擊西班牙人和葡萄牙人在東方的利益，經常派船攔截前往馬尼拉的中國商船，破壞西人的貿易，甚至計畫要以武力摧毀在馬尼拉和澳門的這些對手，但因力量不足而作罷。

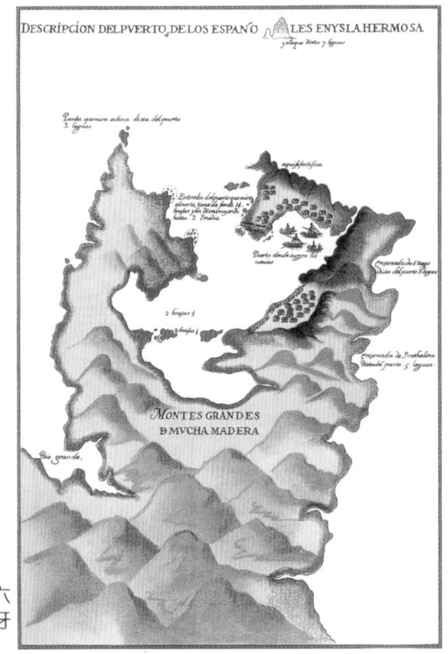

◆西元一六二六年台灣島西班牙人港口圖。

一六二五年，一艘荷蘭戰艦「拿騷號」（Nassau）由洛米特（Jacques L'Hermite）率領來到東方，原定由大員派船支援，共同攻打馬尼拉，但是「拿騷號」只到了摩鹿加群島就不再前進，從台灣派去的支援船隊略為攻打以後，就退到了中國沿海，試圖破壞葡萄牙人來往澳門的航路，但是沒有達到什麼效果。

荷蘭人這次的行動，顯然使西班牙人再度感受到台灣對馬尼拉的威脅，於是征台之議又起。西班牙駐菲律賓總督斯爾瓦（Fernando de Silva）上書國王，痛陳所受的貿易威脅。

天啟六年四月十日（公元一六二六年五月五日），斯爾瓦派出遠征軍，共西班牙大划船（Galera）二艘、中國帆船十二艘、士兵兩百名，避開大員的荷蘭人，沿台灣東海岸北上，五月十一日達到北緯二十五度地點，命名為聖地牙哥（Santiago），即現在習稱的三貂角。十二日進入可以容納五百艘船的雞籠，十六日占領社寮島（今和平島），舉行占領儀式，並開始築城，取名聖救主城（San Salvador），後人稱為雞籠城或紅毛城。又在大沙灣附近建立中國人的街市，以期吸引中國人前來互市。

◆荷蘭占領時期的基隆島。這是一張日本人根據公元一六六七年荷蘭人手繪雞籠城重繪的略圖。

這年七月，新任菲律賓總督塔佛拉（Don Juan Nino de Tavora）計畫奪取荷蘭人在台灣南部的土地，又一次出兵台灣。他在七月二十六日派兩艘大划船先行出發，然後在八月十七日自率大帆船（Galleon）兩艘和其他船隻四艘親征，但船隻出發後遇到風暴（颱風），只好折回。先行出發的兩艘大划船到達大員附近偵察後，也被風吹回菲律賓。這次的遠征行動宣告失敗。

崇禎元年（公元一六二八年），西班牙人又派軍艦占領台灣西北海岸的淡水，並建立聖多明我城（San Domingo），後人也稱為紅毛城，與社寮島的聖救主城互為犄角。

西班牙人占領了台灣北部以後，次第掃平附近各族部落。一六三二年招撫了台北平原的先住民。一六三三年，因馬尼拉到柬埔寨的一艘商船遇風漂到東北海岸宜蘭，船員五十八人全部為先住民所殺。駐社寮島的司令派兵進入宜蘭、蘇澳、奇萊各地，至此，台灣北部沿海各地完全為西班牙人所占。

西班牙人平定台灣北部以後，原寄望以此重開自一六二四年以來中斷的對日貿易和打開對華貿易，並且在開頭似有成效，據傳在一六三四、一六三五年期間，雞籠一度成為福建與馬尼拉之間的通商中心，最多的時候，有滿載貨物的船隻二十二艘同時開入港內。但是西班牙人與日本人的關係一直無法改善，一六三八年後日本又厲行鎖國，至此西班牙對日貿易完全無望。而鄭芝龍完全控制台海以後，禁止福建商船前來雞籠，西班牙人占領台灣北部與荷蘭人抗衡的作用更已失去其半。

◆西班牙人從基隆社寮島登陸後於此地築城，取名為聖救主城。

一六三五年，呂宋南部不斷發生叛亂事件，西人無暇顧及台灣，新任菲律賓總督克奎拉（Sabastian Hureado de Corcuera），已確認占台的必要性減少，決定轉移經營的重心。一六三七年十一月，幾艘漁船從中國抵達大員。其中有人向荷蘭人報告，雞籠的西班牙人現款缺乏，米糧不足，用以保護他們的軍隊不過二六〇人；還報告說，西班牙人已經把在淡水建造的城堡全部拆除，把軍隊全部撤往雞籠。

但是，西班牙人占領台灣北部，引起了荷蘭人的極大重視。一六二八年六月，遠在巴達維亞的科恩總督派出了六艘船艦前來大員支援，其主要任務除了應付中國沿海的混亂局面外，還包括應付台灣北部的西班牙人。

一六二九年，第三任台灣長官訥茨聞知西班牙人的勢力已擴展到台北平原，馬上報告公司總部，建議以武力驅逐。同年七月下旬，訥茨派遣軍艦進攻淡水，但遭到激烈抵抗，死了指揮官一名，荷軍不得不退回大員。這是荷、西兩國在台灣的第一次武裝衝突。

一六三九年四月十二日，荷蘭人在卑南的商務員Marten Weselingh寫信回大員說，在離開卑南五日日程的山裡有個村莊，那裡住有五個白人，顯然是西班牙人，是要找出荷蘭人探金的企圖的。但是雙方沒有接觸。

一六四〇年九月中起，荷蘭人兩度派員偵察淡水、雞籠，偵知西班牙人消極經營台灣北部，並獲悉只有四百個人（五十名西班牙人、三十名Papangers、二百名奴隸和一三〇名中國人）駐守雞籠和淡水。一六四一年，林戈上尉（Johan van Linga）率艦四艘和中國帆船數艘共兵員二〇五人、船員一一二人前去雞籠偵察和勸降，遭到西班牙長官波特里奧（Gonsalo Porteilio）的拒絕。林戈自認兵力仍不足以擊敗西人，旋即折返大員。

一六四一年，巴達維亞總部決議次年大舉進攻雞籠，七月派兩艦前來台灣增援。但台灣長官特拉登紐斯已經等不及援軍，先在八月十七日派出戰艦五艘、小型船隻九艘，共六九〇名兵員和華人、爪哇人及廣南人奴隸往攻雞籠。當時西班牙籍士兵僅百人，Papangers傭兵一五〇人配置前沿，城內另部署八十人防禦。八月二十一日下午四時開始，經過劇烈的砲戰後，荷蘭人順利登陸，兩軍對壘在聖救主城外，戰鬥到八月二十四日，西班牙人不支，波特里奧召集部下會商後同意開城投降。八月二十六日兩軍司令在大小兩城之間會面，雙方達成議和條件。同日，西班牙人被解除武裝，荷軍正式入城。

荷蘭人占領了雞籠後，大肆慶祝了八天。九月四日，西班牙人戰俘被送往大員，後來又再被送到巴達維亞，最後才獲釋回到馬尼拉。總計西班牙人占有台灣北部十五年又三個月。

走入歷史

從一六五〇年以後，荷蘭人在台灣開始走入了逆境，人禍天災可謂接踵而來。最先是人頭稅的征收遭到了漢人移民的強烈反抗。

一六二九年荷蘭人仿照在巴達維亞對中國人征收人頭稅的辦法，向來到台灣的漢人移民按人收稅。初期時稅率不定，有時每人每月二分之一里爾，有時降為四分之一里爾。到一六四〇年八月一日起，每月穩定在四分之一里爾，當時所計算到的漢人「人頭」是三千五百六十八人。從一六五〇年起，荷蘭人又把人頭稅提高，回到每人每月二分之一里爾。漢人當中許多人是貧苦移民，稅率的提高顯然加劇了他們生活的重擔，不滿情緒在滋長。

恰好第二年甘蔗和糧食的生產都大幅減少，稻作種植面積減少了百分之四十五，整體的糧食需要差幅很大，無事可做的甘蔗工四處流浪，社會到處瀰漫著不安的怨恨情緒。

接著，一六五二年的郭懷一事件，在很大程度上動搖了荷蘭人統治的根基。傳說郭懷一原屬鄭芝龍的舊部，鄭芝龍受到明朝的招撫以後，他繼續留在台灣，在赤崁南邊兩英里的村子從事開墾。後來荷蘭人實行王田制以後，被推舉為村長，也可算是一個地方勢力。由於對荷蘭人心懷不滿，決定在這一年九月七日的中秋之夜藉著邀宴主要的荷蘭人的名義，將他們殺死，發動舉事，占領熱蘭遮城。不過，遭到他的弟弟的強烈反對。在勸阻不了之後，弟弟跑到熱蘭遮城去向荷蘭人舉發，在經過與守門的軍士爭吵後，才見到荷蘭長官費爾堡。費爾堡聽他報告後，把他抓了起來，並派出一名隊長和八名軍士到郭懷一的村子察看。

郭懷一見事態暴露，連忙帶著一萬六千名中國人向赤崁方向前去，沿途打殺，看守馬廄的荷蘭人官員連忙帶著三名馬夫衝出赤崁，第二天早上來到了熱蘭遮城向費爾堡報告了一切。隨後，費爾堡派出一二〇名荷蘭人，領著一千二百名附近村社前來支援的先住民（荷蘭人稱為信奉基督教的福爾摩沙人）前往赤崁對付中國人。不多久就擊潰了舉事的那些人。

十一日，荷蘭人聽到舉事者再次集合在赤崁附近山坳內，人數有四、五千人。因山坳地勢險要，荷蘭人正面進攻不下，由先住民繞到舉事者陣地後面助戰，激戰中郭懷一及其部下大約一千八百人戰死。許多參加舉事的婦女和小孩都被俘虜，舉事者的副首領龍官（Lonegua）被抓後被活活燒死，屍體用馬拉著，遊街示眾，然後頭被割了下來，插在竹竿上。龍官的兩名隊長因曾經剖開一名土著孕婦的肚子，掏出胎兒，他們被車裂而死。

這一場騷亂持續了十五天，先後有四千名男子和五千名婦女和一些小孩被殺或被俘，暴亂之慘烈可想而知。荷蘭人方面除兩個人被殺外，沒有任何其他損失。

不過，漢人的作亂也動搖了荷蘭人的統治根基。為了防止中國人再度作亂，他們第二年在普羅岷西亞增建了一座堡壘，取名普羅岷西亞城（就是今天的赤崁城）。

接著從一六五三年到一六五五年，島上連續三年發生蝗災，特別是一六五五年的蝗害，稻田、甘蔗幾乎全被破壞。一六五六年十月七、八兩日，台南地區又出現百年不遇的暴風雨，房屋倒塌甚多，居民死亡慘重，稻田和甘蔗同樣受到嚴重的破壞。

可是，荷蘭人的困境並未度過。一六四六年鄭成功舉事抗清以後，為了籌措軍餉，派出船艦前往日本和南洋各地經商，與荷蘭人的利益產生了牴觸。一六五三年十月二十一日，鄭成功致函台灣長官凱撒（Cornelis Caesar），指責其派往廣南（越南）的一艘帆船在返回廈門途中，為荷人開往廣東的船隊襲擊，劫走所有貨物。凱撒長官懼於鄭成功的勢力，派員送上價值三萬七千三百一十九荷盾的禮物，得到了鄭成功的諒解。

但是，一六五五年六月十七日，巴達維亞總督瑪茲克（Joan Maetsuijker）卻發信鄭成功，禁止他的船隊前往鄰近巴達維亞的巴鄰旁（Palembang，即巨港或舊港，在蘇門答臘島東端）貿易。為此，鄭成功在一六五五年八月寫信給在台灣的漢人長老何斌，要求荷蘭人收回成命，否則對荷蘭人實施海禁，不准大小中國船隻開往巴達維亞和大員，及其附近地方交易。

果然，一六五六年六月二十七日，鄭成功發布了禁令，禁止一切船隻開往大員，以一百天為過渡期，一百天後全部禁絕。海禁實施的結果，一六五六年以後，兩岸之間船隻來往幾乎完全斷絕，荷蘭人買不到任何中國商品，不得已在一六五七年三月派何斌前往廈門疏通。何斌在七月抵達廈門，達成協議，荷蘭人不再阻止鄭成功船隻前往南洋各地貿易。鄭成功的海禁則在一六五七年八月重新開放。

荷蘭人統治時期一位在台灣住過的德國人

尚貝格（Casper Schamberger）是最早在台灣住過的一位德國人，也是向東方傳授西洋外科手術的醫生之一。

一六二三年出生於萊比錫，十四歲的時候在德國著名外科醫生巴赫特（Christph Bachert）之下擔任學徒。二十歲通過資格考試，加入荷蘭東印度公司，簽約四年。

一六四三年十月首途前往東方，因船隻在好望角沉沒，在當地候船，直到次年七月底才抵達巴達維亞。不久他就前往葡萄牙人占領的印度果阿，然後前往錫蘭、波斯等地，在一六四六年一月回到了巴達維亞。隨後就奉命派駐台灣。

他在一六四六年八月二十三日抵達台灣，在熱蘭遮城一住就是三年。在大員期間的事跡不詳，可能是為荷蘭人看病診斷。一六四九年離開台灣後，於八月八日抵達長崎，為出島的荷蘭商館擔任醫師一職。

同年十一月二十五日，他作為外科醫生陪著荷蘭特使、長崎商館館長弗里修斯（Andries Frisius）前往江戶（東京）參謁日本德川家光將軍。由於德川身體嚴重違和，尚貝格的西洋醫術引起了幕府一些大老的興趣。弗里修斯一行在一六五〇年四月回到了長崎，但是尚貝格與精通數學和迫擊砲射擊的另外三名歐洲人被下令留在江戶教授其學問，一共再停留了半年。這是歐洲人在整個德川家族統治日本時期，在江戶停留最長的記錄。

一六五〇年尚貝格等四人離開了江戶，回到長崎。他一直停留到一六五一年十一月才結束了在日本的服務。中間曾再到過江戶一次，繼續教授西洋醫學和治療。

尚貝格在一六五一年十二月回到了巴達維亞，在東南亞的船上行醫四年後，回到萊比錫，以後即長居萊比錫，直到一七〇六年逝世為止。

在尚貝格離開長崎之後，在長崎藩的命令下，尚貝格的日本人翻譯寫下了有關尚貝格外科手術的一篇報告，這是日本「尚貝格流外科手術」的啟蒙。

◆《被遺忘的台灣》一書封面。揆一與鄭成功一役戰敗，回荷蘭後被囚禁於外島，其利用公司文件寫成《被遺忘的台灣》一書。

然而，一年多以後，何斌被荷人提出告訴，指責他吞沒荷人錢財，並疑他私通鄭成功。一六五九年四月二十一日，大員法院作成判決，免除他的漢人長老職位和通事的職務與待遇，並處以三百里爾罰金，何斌受此打擊，偷偷畫了一張赤崁到鹿耳門的水道地圖，尋機逃出台灣，到廈門獻給了鄭成功。正好鄭成功在永曆十三年（公元一六五九年）九月七日兵敗金陵，正思另尋出路。在何斌的勸說下，鄭成功決定攻打台灣。

次年，鄭成功召開第一次攻台軍事會議，但因荷人有備而延緩下來。一六六一年，荷蘭援軍撤回巴達維亞，鄭成功再度大會諸侯，三月移師金門；四月開抵澎湖；四月三十日，在荷人的驚愕中，渡過鹿耳門，登陸台灣本島；五月四日占領普羅岷西亞城和赤崁地區；次年一月，又對熱蘭遮城發動了最後的攻擊；二月一日，雙方停火，荷蘭長官揆一（Fredrick Dokjet）簽下了降書。荷蘭人將近三十八年的台灣占領終於走進了歷史。

荷蘭人不甘心就此撤離台灣，一六六四年八月又重新占領了雞籠。但因貿易不振，軍事費用負擔沉重，不得已在一六六八年十月，步已經被他們趕走的西班牙人之後，完完全全脫離了曾經擁有過的這片土地。

【註釋】

1. 大員到清代時改稱鯤身，從大員延伸到台灣本島，還有一鯤身、二鯤身……等七個鯤身的說法。從後世所看到的圖畫來看，荷蘭人只選定了西北末端很小一塊地方立足而已。
2. 皮庫（picol或pikul）為荷蘭計重單位，每一皮庫約相當於一三三英國磅，即六十公斤左右。因此，二百皮庫約相當於一萬二千公斤。
3. 一六〇四年開始，日本因為王公貴族對絲的需求太大，大量進口中國絲，所以訂了「絲割符」制度，由「絲割符仲間」商人團體按當時葡萄牙人輸入的白絲的成色質量確定價格，再由商人們按此價格全數收進，以確保幕府將軍能廉價購得生絲和防止進口過量造成滯銷。一六三三年四月起對駛入薩摩、平戶的荷蘭船隻，也規定應比照長崎的絲價（即按「絲割符制」確定的葡萄牙白絲價），在長崎未決定價格之前，禁止任何買賣。
4. 黃氏非鄭芝龍的親生母親，但是與鄭芝龍、鄭成功父子走得很近，鄭芝龍年輕時到澳門探望的舅父黃程就是她的兄弟。她幫助鄭芝龍掌管了從日本到大員到南洋的貿易活動，甚至鄭芝龍降清的舉動，都有她的影響在內。她也可以算得上是台灣開拓時期一個傳奇的中國婦女。

第九章 鄭荷對決 星落南天

鄭成功勢力在台海對岸的崛起是在海峽這一邊的荷蘭人的夢魘。

崇禎元年（公元一六二八年），鄭芝龍接受了明朝的招撫，被授以海防遊擊官職，榮華富貴兼而有之，海上顛簸的生涯也告一個段落。這時他才派人將他留在日本的七歲兒子福松，也就是後人熟悉的鄭成功迎接回國。

回國以後的鄭成功接受了中國正統的儒家教育，十五歲他入選南安縣秀才，二十一歲前往南京太學就讀，受教於名儒錢謙益門下。完整的傳統教育，使得「忠君愛國」的思想在他腦海裡牢不可破，對他日後統治台灣的思路也產生了深遠的影響。

◆鄭成功廈門讀書處。

明崇禎十七年（清順治元年，公元一六四四年），崇禎帝吊死煤山，清人入關。次年五月，清兵破南京，江南臣民擁立的弘光帝朱由崧遇害，鄭芝龍另立唐王朱聿鍵即位福州為隆武帝。這一年鄭成功書讀不成了，也從南京回到了福州。

順治三年（明隆武二年，公元一六四六年）年底鄭芝龍的降清及前後一連串的事件，無疑是鄭成功生命史上受到的最大衝擊。

鄭成功回到福州不久，鄭芝龍安排他拜謁了隆武帝，被賜姓朱，取名成功，這是中外稱呼他為「國姓」的由來。隆武帝還為了籠絡鄭芝龍，在第二年三月封鄭成功為忠孝伯，掛招討大將軍印。

這一切鄭成功都把他當作是殘明皇帝的知遇之恩。可是三個月後，鄭芝龍卻藉口到海上取餉跑回了南安，不久，隆武帝夫婦就被俘身亡，鄭芝龍也在這年十一月向清兵投降。

隆武的殉難和鄭芝龍的投降，對鄭成功是雙重的重大打擊。這時，他的年紀才不過二十二歲而已，雖說他父親從很年輕時起就已經隻身闖蕩江湖，統合海上豪傑，縱橫台海，但是鄭成功卻是從七歲起就是一直待在書房的書生，一下子身逢變故，特別是要面對挺身背叛父親或是隨鄭芝龍投降的忠孝抉擇，對一個文弱書生來說，畢竟是不容易的。但是他最後還是作出了不同於傳統中國子女行為的困難決定，選擇了與父親決裂一途。這是他在忠君愛國的大傳統中背叛家庭小傳統的一次異常選擇。

為了防止遭到劫持，鄭成功在叔父鄭鴻逵（鄭芝鳳）的幫助下逃到了金門。但是不久消息傳來，他的母親田川氏在家鄉安海受到了南下清軍的凌辱，自殺殉節。

田川氏在一六二四年鄭芝龍匆匆離開日本回國後，當中有七年是與鄭成功相依為命，雖然在鄭芝龍派人接鄭成功回國之前可能曾經回過日本，在鄭成功回國那年（公元一六三〇年）年底與她又生下了七左衛門，但是在鄭成功七歲回國後，她與他一別十四年，只有七左衛門隨身相伴。直到順治二年（明隆武元年，公元一六四五年）十月，鄭成功的元配董氏為他生下的兒子錦舍（經）都已經滿三歲了，[1] 田川氏才與鄭芝龍和鄭成功重聚。這種異國婚姻對一個婦女來說，本就是難以承受的，而與家人重聚才一年一個多月，卻又以四十多歲的年齡遭逢清軍蹂躪，而最後羞憤自殺，其命運的坎坷也是罕有的，難怪鄭成功聽到母親的死訊，要縞素出兵，返回泉州尋找清軍報仇了。

鄭成功從出生到回國以前，完全是依靠田川氏撫養長大成人。兩人相依為命，他後來的剛毅暴烈性格無疑有一半也是從他的母親的血液和教誨中得來的。而田川氏的死，更無疑砥礪了他至死不變的反清決心。後人誰又能想到，亂世之下，鄭芝龍和田川氏一對異國男女偶然結合生下的兒子，對後世竟然會產生無可估計的巨大影響。

田川氏自殺後，飽嚐國恨家仇的鄭成功尋回了母親的屍體隆重安葬之後，開始脫下了儒巾儒服，在金、廈一帶舉起了反清的大旗。順治三年（明隆武二年，公元一六四六年）十二月初一大會文武群臣於烈嶼（今小金門），鄭芝龍舊部紛紛投奔，形成不可忽視的新興海上武力。從此鄭、荷之間在台灣海峽之上遙相對峙，而雙方的互動遂成左右台灣未來歸屬的決定性因素。

對峙

鄭成功海上勢力興起之初，荷蘭人是感到驚恐的，他們隨時擔心鄭成功在無路可退時會攻打大員：

一六四六年十一月十一日《長崎荷蘭商館日記》記載：「……韃靼人在中國大勝，皇帝已被一官（指鄭芝龍）……趕出福州，一官則逃到了泉州。……有人勸不願投降的逃亡中國人轉移到大員堡，才有可能在那邊有力地立足。」

一六五〇年，荷蘭總部的十七人董事會深恐中國人攻打台灣，決議「熱蘭遮城即使在和平時期，守軍也不得少於一千二百人。」

一六五二年七月二十五日，巴達維亞評議會又致信台灣長官費爾堡：「耶穌會教士告訴我們：目前中國謠言滿天，說被韃靼人大力追擊的一官的兒子，叫國姓爺的，已經無法在大陸立足，找不到安全之地，已率大軍回到海上，從事海盜行徑，窺伺台灣，以期最後占據這片領土。相信上帝保佑，阻止此事。但是我們認為最好還是向閣下提供這些報告，使閣下繼續有所防備，隨時警惕。」

但是，在鄭成功起兵初期，還認為有能力抵擋清軍席捲中國，在大陸找到立足之地。因此，事實上是無暇考慮到襲取台灣的。只有到永曆十三年（公元一六五九年）九月鄭軍進攻南京失敗以後，無路可退，他才開始認真考慮從荷蘭人手中取得台灣的問題，也就是開始認真考慮對荷蘭人採取軍事行動。在此之前，雙方的對峙主要還是表現在貿易競爭的形勢上，但是也夾雜了荷蘭人曾經試圖聯絡清軍夾擊鄭成功的因素。

軍無餉不行。鄭成功起兵，也同樣馬上面臨需要龐大的軍費供養官兵的問題。而最好的解決辦法就是利用鄭芝龍的往日海外貿易渠道。

鄭成功的海外貿易首先是恢復和開拓對日貿易。由於鄭芝龍投降以後福建一帶暫時群龍無首，金門為鄭成功的叔父鄭鴻逵所據，族兄鄭彩、鄭聯兄弟占

◆鄭成功在廈門、漳州的活動海域。

有廈門，只有安平一小塊地方是鄭成功擁有。為了取得軍事基地和對外通商的港口，一六五〇年他以鄭彩、鄭聯兄弟肆虐無道名義，除掉了他們，取下了廈門。不久為清軍所逐，接著又重新占領，改廈門為「思明州」，並接連攻克了漳州、泉州，到一六五二年春天時，已經兵多將廣，盡有閩南之地。這時他見「器械未備，糧餉不足，為憂，遂與諸參軍……會議，（馮）澄世曰：方今糧餉充足，鉛銅廣多，莫如日本……借彼地彼糧，以濟吾用，然後下販呂宋、暹羅、交趾等國，源源不絕，則糧餉足，而進取易矣。」鄭成功採納了這個意見，下令在日本替鄭氏家族理財的鄭泰造大船，由部將洪旭相佐，「以甥禮遣使通好，國王果大悅，相助鉛銅，令官協理。」

鄭成功對日本的輸出產品主要是生絲和絲織品，但也有瓷器、漆器、硯台、書籍古玩、砂糖、醫藥等。輸入的則有金、銀、銅、刀和海產、山貨等。從一六四九年到一六五五年，六年之間共運往日本生絲四十五萬餘斤，絲織品七萬二千多匹。在整個一六五〇年代，平均每年從中國前往日本的中國商船總數約六十艘以上，貿易額平均一二〇萬兩，其中替鄭成功經營的「官商」所占的貿易額即達七十一萬兩，占有六成左右。

鄭成功的另一個主要貿易地區是南洋的呂宋、暹羅、柬埔寨和交趾等國。一六五五年三月九日《熱蘭遮城日記》記載：「屬於國姓爺的船隻二十四艘，在中國沿岸開去各地貿易，內開：向巴達維亞去七艘，向（越南）東京去二艘，向暹羅去十艘，向（越南）廣南去四艘，向馬尼拉去一艘。」

一六五六年十二月十一日《巴達維亞城日記》也記載：「今年從中國有官人國姓爺的帆船六艘到那裡（柬埔寨），而收購了很多鹿皮及其他貨物運去日本。」

另外，到一六五六年以前，閩台之間的貿易一直都不斷進行，雖然貿易量現無法查考，但這條貿易渠道是荷蘭人的重要收入來源。從一六五六年至一六五七年鄭成功因為鄭荷之間利益產生衝突，而下令所有大陸商民不准與台貿易後荷蘭人最後不得不屈服一事，就可看出其中牽涉到的貿易利益是很可觀的。

然而，在鄭荷貿易之外，不管是鄭成功對日或對南洋的貿易，都是與荷蘭人利益產生衝突的。另外，因為鄭成功占據廈門，也使得荷蘭人對華貿易無法正常進行。荷蘭人面對鄭成功的海上勢力，並不是完全採取妥協的態度，有時也有對抗性行動。

一方面，他們謀求與清人通商，以期抵銷鄭成功勢力的影響。一六五三年一月，台灣長官費爾堡派遣商務員謝德爾（Frederick Schedel）前往廣州，受到平南王尚可喜和靖南王耿繼茂的接見。開頭，被允許進行貿易，但是後來命他們遣使到京覲見中國皇帝，稱臣納貢。謝德爾見與靖南王打交道不得要領，在這年十月回到了巴達維亞。此後，在一六五五年巴達維亞方面雖果真遣使帶了大批禮物到北京面見了順治皇帝，最後還是只能獲准八年納貢朝見一次。清荷雙方的貿易接觸就此不了了之，不過，也不是完全沒有結果，至少是為後來對付鄭成功的政治和軍事合作打下了基礎。

另一方面，荷蘭人與鄭成功的誤會加深。一六五三年，荷蘭人派往廣東的兩條船在澳門附近攻擊了從越南返回廈門的一艘鄭成功商船。荷蘭人事後向鄭成功賠償道歉。一六五五年一月，巴達維亞總督瑪茲克又以麻六甲和巴鄰旁為其專屬貿易區而寫信給鄭成功，禁止其船隻前往。對此鄭成功也以強硬態度回應。一六五五年七月，因西班牙人強奪前往馬尼拉的鄭氏商船的貨物，或隨意壓低貨物價款，鄭成功於是寫信給台灣長官凱撒，令其配合，對西班牙人實施貿易封鎖，不許大員的商人前去馬尼拉。凱撒回信稱已經和西班牙人訂立永久和平條約，雙方關係進一步惡化。

從一六五四年起，鄭成功逐漸開始反擊荷蘭人。「在一六五四和一六五五年期間，很少中國帆船從中國前來福爾摩沙」，一六五五年「刻示傳令各港澳並東西夷國州府，不准到台灣通商，徭是禁絕兩年，船隻不通，貨物涌貴，夷多疫病。」一六五六年六月，又正式發令，禁止一切船隻前往大員。此後，兩岸間的船隻往來完全斷絕。不得已，荷蘭人在次年三月召開評議會，派遣通事何斌前去廈門與鄭成功談判，到八月，鄭氏禁令才宣告解除。

可是，鄭荷之間的緊張關係卻一直無法緩和下來，而且從貿易的層面轉到了軍事的方面。永曆十三年（清順治十六年，公元一六五九年），鄭成功兵敗江南，這是促成他最後轉向台灣發展的一個重要轉捩點。許多敗潰的士兵逃到了台灣，有關鄭成功要攻打台灣的謠言四起。年底，所有在南洋方面的華船奉命返回，廈門集中的海船達兩百多艘，加上這一年，台灣發生了連續十四天的地震，台灣島內謠言滿天。次年三月六日，一些華人領袖面見荷蘭長官揆一和評議會，發出了鄭成功隨時會攻台的警告。揆一為此召集評議會，作出了鄭成功即將攻台的判斷，在十日寫信去巴達維亞，要求公司快速發送抵抗部隊。

九月十九、二十日，由十二艘船組成的增援艦隊由范德蘭（Jan Van der Laan）率領，運載一四五三人抵達大員，一時，台灣有「山雨欲來風滿樓」之勢。

鄭成功方面，則在一六六〇年何斌因故得罪荷人而逃到廈門向鄭成功獻圖

◆鄭成功在廈門的屯兵處嘉興寨。

以後，即緊鑼密鼓地準備東征。永曆十四年（清順治十七年，公元一六六〇年）夏，擊敗清將達素以後，因金、廈兩島難以久抗清兵，鄭成功召集了第一次對台軍事會議，但部將反應不熱烈，加上派人到日本借兵也沒有結果，東征計畫擱置了下來。

一六六一年二月，荷蘭增援艦隊指揮官范德蘭不願久滯大員而率兩船返回巴達維亞，其他船隻也前往他處；這時鄭成功派赴各地取糧的人員已返抵廈門，於是召開第二次東征會議。會上，部將仍多表疑慮，可是鄭成功決心已下，指出：「前年何廷斌（即何斌）所進台灣一圖，田園萬頃，沃野千里，……近為紅夷占據，城中夷夥不上千人，攻之可垂手可得者。我欲平克台灣以為根本之地，安頓將領家眷，然後東征西討，無內顧之憂並可生聚教訓也。」於是派師駐札金門城，「候理船隻，進平台灣」。

對決前夕

永曆十五年三月一日（清順治十八年，公元一六六一年三月三十日），鄭成功在廈門祭江，禱告上蒼：「本藩矢志恢復，切念中興，……竭誠禱告皇天並達列祖，假我潮水，行我舟師。爾從征諸鎮營將，勿以紅毛炮火為疑畏，當遙觀本藩鷁（音「益」，即船頭）首所向，銜尾而進。」於是，傳令諸將和船隻全部移駐料羅灣。四月八日，鄭成功本人也移駕料羅。

四月二十日，鄭成功催官兵上船，第二天中午，晴空萬里，由四百艘戰艦和兩萬五千名軍士[2]組成的征台大軍，首尾長達十餘里的艦隊，從料羅灣浩浩蕩蕩啟碇放洋，次日抵達澎湖，鄭成功駐紮塒內嶼。

二十四日，全軍開駕到柑桔嶼，遇到大風，又回到了塒內嶼。因出發前何斌獻策說，幾天就可到台灣，糧米不絕，所以大軍並未多帶糧食，因此出現缺糧情況，派人到澎湖各島張羅，找到番薯、大麥、黍稷百餘石，只可供大軍一餐之用。鄭成功擔心缺糧，又怕北風無期，於是在二十八日晚上毅然下令開船。他曉諭眾將士：「冰堅可渡，天意有在。天意若付我平定台灣，今晚開駕後，自然風恬浪靜矣。不然官兵豈堪坐困斷島受餓也。」當晚一更以後傳令開

◆泉州海外交通史博物館的鄭成功艦隊模型。

船時雖風雨稍歇，但波浪未息，驚險萬分。可是到三更以後，已經雲收雨散，天氣明朗，大軍順利啟程。

四月三十日[3]清晨，鄭成功本人坐船抵達台灣的外沙線，各船也隨後絡繹而至，天亮時已抵達鹿耳門外。

至於荷蘭人方面，從一六五九年鄭軍兵敗南京以後起，有關鄭成功要襲取台灣的風聲，就一天緊過一天。島上的中國人運往大陸的貨物超過了從大陸運來的數量，而且中國人之間的債務清還也緩慢了很多，這不能不引起荷蘭人的注意。一六六〇年三月經評議會決定後，所有荷蘭城堡均被配以足夠的兵力、武器和彈藥，城堡週圍的荷蘭居民也被警告國姓爺將隨時進犯，必須隨時準備抵抗。一年多後當鄭成功進攻台灣時，被荷蘭人俘虜的兩名鄭軍士兵在遭到審訊後，也事實上承認了鄭成功原本是準備在早一年即一六六〇年的三月至九月之間突襲台灣的。[4]

一六六〇年九月，被同時派赴增援大員和準備襲擊澳門葡萄牙人的范德蘭指揮官，率領十二艘船隻抵達大員以後，阻住了鄭成功的第一次進攻意圖。但是他與揆一之間出現了嚴重的分歧。范德蘭堅信鄭成功不會攻打台灣，而且在評議會上評論說，為了彌補艦隊空跑到台灣的損失，應該立即決定進攻澳門。

揆一擔心的是，如果范德蘭把他帶到大員的六百士兵抽調攻打澳門的話，台灣將只有九百名不到的士兵據守，而其中至少二五〇名是因為水土不服住在醫院的。

荷蘭評議會就兩派意見進行了表決，最後採納了其中一位評議員佩德爾船長（Captain Thomas Pedel）的意見，決定先派員到廈門打聽鄭成功的虛實，再決定是否攻打澳門。

一六六〇年十月三十一日，一名信使從大員出發，以要求鄭成功答覆東印度公司總督和總評議會先前給他的信函的名義前往廈門。這名使者抵達廈門後，鄭成功展現了難得的外交手腕，他不但給予客氣的接待，而且表示了對東印度公司最親切的友誼。他解釋說，他願意與東印度公司談判貿易問題，但是船隻不到台灣做生意是因為需要用來運兵。

荷蘭信使在與鄭成功談話當中，想要套問他的軍事準備，故意問他對韃靼人的態度和廈門怎樣備戰，鄭成功技巧地打斷了這名信使的問話，表示他從來沒有公開發表自己的意圖的習慣，不過常常會放出對自己有利的風聲。

鄭成功還以中國沿海諸軍統帥國姓的名義給台灣長官回了一封覆信，在信

◆此圖為公元一六〇七年最早出版的一本操典中的荷蘭士兵單兵操練的圖案。鄭成功攻打台灣時，所面對的即是此種已逐漸向現代軍隊邁進的荷蘭士兵。

中再度表現了他麻痺對手的意圖：「與閣下遙相遠隔，謹在此對荷蘭國表達吾等特別善意與情誼。大函已妥適收悉；然細拜讀之後，恐閣下誤聽諸多不實報告，信其為真也。」「多年前，時當荷蘭人定居鄰近大員某地，吾父一官領有其地，曾開放、指導和成功維持其與中國之間的全面商業貿易，至今在我治下猶未衰竭，反力促其興。雙方船隻來往不絕可為明證，此為閣下理應珍視之善意表徵。」「然閣下仍懷疑我對荷蘭國的真心本意，臆測我意圖對貴國採取某些敵對行動，此實居心叵測者之造謠生事也。」「我多年與韃靼作戰，全心全意收復失土，又豈有餘暇敵對此一雜草叢生之小島如台灣者。再者，每逢備戰，諸事齊備，則施聲東擊西之計，吾不語人，他人又何從揣測吾意？」

鄭成功在信末表示，韃靼亂事平定以後，將下令恢復商船來往，讓荷蘭人獲得巨大利益。不久，大陸商船果然又再度來到大員，試圖讓荷蘭人消除疑慮。

對於鄭成功的意圖，揆一並不輕易相信。他繼續下令加強防務，要求住在曠地的中國人離開，並把服役到期的荷蘭人再延任一年。

可是，據說希望利用攻打澳門而從葡萄牙人手中取得暴利的范德蘭，卻利用鄭成功的「善意」拉攏了對揆一不滿的一些荷人，在一次宴會上，指控揆一無緣無故地擔心鄭成功會隨時來襲和採取嚴厲措施把中國人趕出台灣。他們還指控揆一忽視了島上的居民，破壞了貿易，要求總公司將揆一撤回，換人擔任長官。最後他們草擬了一份要交給巴達維亞的聲明。可是在酒醉飯飽之餘，參與起草的人都忘了在上面簽名。

即使如此，范德蘭還是找到了藉口，帶著很多封反對揆一的荷人向巴達維亞的私人朋友指控揆一的信函，在一六六一年二月搭乘兩艘船離開了台灣，隨著離去的是與他同到台灣的一群軍官，只留下了六百名沒有了軍官的士兵。其餘帶來台灣的船隻也先後回到了東印度，最後只有兩艘大船、一艘三桅帆船和一艘傳遞信息用的快艇留在台灣，防禦鄭成功的進攻。

荷蘭人之間在中國人進攻台灣前夕的這場爭執，對鄭成功來說，無疑是天賜的良機。荷蘭人防禦力量的不足，終於使他有機會順利切入大員與台灣本島之間的台江海域，在台灣島上取得了立足點，並最後實現了驅逐了荷蘭人的願望。當東印度公司荷蘭總部的人員事後回顧這場爭執的時候，不禁慨嘆：「台灣失去了」(Formosa is lost)，但是由於在巴達維亞總部的東印度公司官員們怕受到追究，都把責任賴在揆一身上和台灣評議會方面，他們稱揆一和台灣評議會是「頭號的玩忽職守者」。

決戰

與鼎盛時期二十萬人的兵力相比，鄭成功進攻台灣的兩萬多兵力是稍嫌薄弱的。因為一來他們是從海上進攻，二來面對的是洋槍洋砲和比較先進的西洋砲艦，加上全軍攜帶的糧食不足，要打贏這場東方人有史以來第一次對西洋人的兩棲作戰，除了依靠作戰方法和將士的用命外，是要有相當的運氣的。

但是，幸賴巴達維亞方面對鄭成功發動進攻的估計不足和對揆一長官支持力度的不足，加上大員本地荷人防範的失誤，因此在鄭軍進攻初期比較順利地登陸成功，為日後徹底打敗荷人奠定了基礎。

一六六一年四月三十日，鄭成功的主力艦（鄭成功部將楊英稱之為「大䑸船」）抵達鹿耳門水道前，投降鄭軍的滿人提督親軍驍旗鎮馬信擔任前導，站在平底帆船的船頭，鄭成功座船在第八或第九條，安坐在絲織的遮陽傘下，船桅掛著白旗。

◆此圖刊載於公元一五九八年義大利出版的城堡與船艦攻防書籍中。隨著西方航海事業的發展，使用近代火器的攻防理論也跟著相應發展。

鹿耳門是隔著約一浬長的北線尾沙洲與熱蘭遮城遙望的水道，寬約二十艘船隻併排距離，由此通過，可避開熱蘭遮城的大砲火力。這裡平時水淺，根本不可能通行大船，因此荷蘭人並不在此設防。可是，據楊英的說法，這天鄭成功的水師來到的時候，突然似有天助，水漲數尺。於是鄭成功的船隊魚貫而過，進入了台江水域，直接從熱蘭遮城的東側，對這個荷蘭人的堡壘形成了威脅。當天晚上，所有的船隻都進入了台江，停泊在台灣本島的禾寮港。住在本島這邊的中國人見鄭成功大軍來到，有幾千人高高興興地前來迎接，並推出車子和其他工具幫助鄭氏大軍登陸。考慮到當時全島漢人人數也不過兩萬多人，可說住在赤崁一帶的中國人幾乎傾巢而出迎接大軍了。

這一天，駐守在熱蘭遮城的代司令官是描難實叮（Valentijn），他遠遠一見中國大軍到來，立即攜帶兩桶牛肉和豬肉及一些大米，趕回本島的普羅岷西亞堡去，著手準備防守，赤崁市區的所有中國人都被下令留在住所內，禾寮人則被通知帶家屬撤到熱蘭遮城內。

當天半夜兩點，描難實叮率員衝出普羅岷西亞堡，攻擊鄭成功的營盤，並焚燒荷蘭人的馬廄穀倉，鄭成功怕糧米被焚，特遣差官楊英率官兵到赤崁街市各條街上看守放糧米的草厝，第二天又叫楊英將街上的糧米全部分發給各鎮官兵，計算一下，可供半月食用。

同一天晚上，鄭成功也很快完成了對普羅岷西亞城的包圍，荷蘭人從熱蘭遮城派出了六十人邊戰邊跑，搶進了普羅岷西亞城內。

第二天，即五月一日，鄭成功給揆一和描難實叮分別寫信，要他們交出城堡。他在信中說：「澎湖離開泉州不遠，應該由他管轄，而台灣接近澎湖，也應置於中國統治之下。我父親一官將此地借給荷蘭人，我現在為改善此地而來，你們不應該再占有我地。」

鄭軍登陸本島後第二天，[5] 宣毅前鎮陳澤率兵由北線尾西北端登陸和紮營，揆一急派佩德爾船長率兵二五〇名乘領航船和數艘舢舨向該處進軍，佩德爾在上午十一點率兵離城登陸北線尾南端，整頓行列和禱告後十二人為一排向鄭軍開槍進攻。三艘鄭成功船隻見狀，從台江內海駛出鹿耳門，繞到北線尾西面增援鄭軍。揆一在城頭望見，擔心佩德爾處境不利，要他撤回，但是佩德爾不退。這時鄭成功部隊利用沙丘裝好了幾門小型砲，然後向佩德爾進攻。荷軍趕快退卻，佩德爾拚命阻止，最後在鄭軍的猛烈衝鋒下，被一刀刺死。另有一八〇名荷軍被殲，餘下的跳海逃跑，被領航船載回大員。這一仗是鄭軍首戰大勝。而熱蘭遮城方面原只有守軍一千多人，經此一役，人數驟減至八七〇人，

◆鄭成功軍隊攻打荷蘭人所用的土砲。（左）
◆鄭成功軍隊中藤牌兵所持用的藤牌。藏於福建南安鄭成功紀念館。（右）

砲手三十五人，元氣大傷。

在海上，荷蘭人同樣遭到很大打擊。五月二日，揆一下令范德蘭留下的兩艘戰艦、一艘小帆船和一艘快艇「瑪麗亞號」對停在外海的六十艘鄭成功船隻進攻。鄭氏海軍的勇猛大出荷人意料。在戰鬥中，「赫克特號」戰艦炸藥爆炸，與靠近它的中國船隻同歸於盡。快船「瑪麗亞號」逃回巴達維亞。同時鄭成功令宣毅前鎮侍衛鎮陳廣和左虎左協陳沖等率水師，進攻台江海域的荷艦，擊沉了一艘、焚燒了一艘、一艘走脫，以後所有荷艦轉而貼近熱蘭遮城停泊。

在本島，鄭成功加緊了對普羅岷西亞城的包圍。鄭氏軍隊不僅擁有大批重砲，而且有一支鐵甲兵。其弓箭手使用弓箭的嫻熟程度也使荷蘭步槍手黯然失色。另外有藤牌軍，每十人有隊長一人督促士兵躲在藤牌之後衝鋒。還有兩隊黑人兵，這些人原是荷蘭人的奴隸，學過荷蘭士兵開槍射擊的本領，他們給荷蘭人造成了很大的損害。

五月三日，描難實叮弟弟夫婦外出為鄭軍捕獲後獲釋，鄭成功並透過他們向描難實叮表達對荷蘭人的德意。同日荷蘭評議會以描難實叮孤城援絕，派出一名談判委員和一名檢察官率同七名人員，前往赤崁鄭成功駐地進行談判。鄭成功坐在中軍帳內，態度高傲強硬地告訴來使說，我是向公司索回原屬泉州、現應歸我領有的福爾摩沙土地和城堡而來，你們必須立即交出普羅岷西亞，否則將當著你們的面由精銳部隊攻下這個城。他說，你們的大船被我水師燒毀，佩德爾船長和他的士兵死於我軍刀下，現海陸均被占領，荷蘭人絕對無法與他對抗生存下去。

荷蘭談判人員向鄭成功反駁說，福爾摩沙不屬於中國而屬於荷蘭東印度公司，因為公司曾經同中國高級官員訂立一個正式契約，規定荷蘭人離開澎湖，占有福爾摩沙，所以國姓爺既沒有權利也沒有理由可以提出什麼領土要求。至此雙方談不下去，荷蘭談判人員離開鄭成功軍營，並前往普羅岷西亞城實際看望荷蘭守軍，發現情形絕望，守軍彈藥不足，實在難以支撐。

談判委員當晚回到熱蘭遮城，經荷蘭長官揆一和評議會商議，同意交出普羅岷西亞城。第二天中午，熱蘭遮城看到普羅岷西亞城降下了東印度公司的旗幟，代之而起的是一面白旗，到了下午五時有代表鄭氏的旗幟升到白旗下方。五月六日，普羅岷西亞城的二三〇名荷蘭士兵撤出了城堡，與描難實叮等人移到了赤崁街市，被軟禁了起來。[6] 就在普羅岷西亞城投降當天，鄭成功的部隊已經全部離開赤崁，對新的目標熱蘭遮城展開了新的包圍。荷蘭人則放棄了防守熱蘭遮城外的市區的打算，全部撤入城內。

五月六日，附近各社先住民頭目向鄭成功迎附。七日，鄭成功移駕鯤身山（楊英《延平王戶官從征實錄》原文為「崑身山」），傳諭候令進攻熱蘭遮城。十二日，鄭成功親臨蚊港，考察地勢和觀察附近村社民心向背，「駕過，土民男婦壺槳迎者塞道。」

二十四日，鄭成功分派各鎮士兵到汛地從事屯墾，解決長期糧食問題。同日鄭軍並在熱蘭遮城外架設大砲工事，不時遭到荷蘭人從城上開砲攻擊。二十

◆大員島上的熱蘭遮城。海域水道上活動的漁船全是中國船隻，荷蘭船則停泊在南邊。

五日天亮前兩個小時鄭軍向城內連番射擊，荷蘭人也以重砲還擊。激烈的砲戰一直持續到天亮，雙方都發射了三百多發砲彈，但因荷蘭人居高臨下，鄭軍損失慘重，據說死亡六、七百人。這也是中西方遭遇以來最慘烈的首次砲戰。鄭成功見一時難以攻下熱蘭遮城，決定採取長期圍困策略，使荷人迫於飢餓，自動獻城。在此同時，不時寫信給荷蘭長官，勸他們投降。

五月初二，鄭成功移駕大員，改赤崁地方為東都明京，設一府二縣，府為承天府，北路縣為天興縣，南路縣為萬年縣，中國的行政體制在台灣初步設立。同日改大員為安平鎮。

就在鄭荷兩軍膠著的同時，在大員外海海戰中逃脫的快船「瑪麗亞號」，經過五十天的航行，在六月二十四日回到了巴達維亞。鄭成功進攻台灣的消息頓時令公司的人大吃一驚。而這時總評議會已經任命檢察官克倫克（Hermanus Clenk）為台灣長官，在六月二十一日攜帶公司信函出發前往大員就職了。公司這時後悔沒有聽從揆一的警告，立即派遣船隻追趕克倫克，想要收回成命。二十七日又任命一位沒有打過仗的檢察官卡烏（Jacob Caeuw）為艦隊司令，於七月五日率九艘艦隻和二艘小帆船以及七二五名士兵出發增援大員荷人。

克倫克於七月三十日抵達大員海灣，卻驚訝地發現海灣北面已經為數百艘中國船艦占領。他派人通知揆一等人表示暫時不便上岸，並出示了公司的信函，結果換來的是一片不滿和沮喪的情緒，原先準備長期堅守城堡的荷蘭人認為無法從公司得到任何支援，形勢頓時惡化起來。

揆一不斷邀請克倫克上岸商量防務，但是克倫克一再找出藉口不願上岸，最後因為大風將至，他的船隻開入外海，隨後跑到日本長崎去了。

克倫克離開不久，卡烏的支援船隊也在八月十二日來到了大員，使困守的荷蘭人極為振奮。第二天他們就冒著大風大浪把火藥、急需的物資和五十名士兵送到岸上。可是接著下來許多天，海上的風浪更大，支援艦隊在外海上等了五天後只好前往福建、澎湖方面避風，並趁機為大員守軍尋找糧食。熱蘭遮城內的荷蘭守軍焦慮萬分，鄭成功則利用了這段期間增援熱蘭遮城外市區的鄭軍，並從俘虜口中獲悉了荷人增援人馬的實力。

終於到九月初，風勢稍歇，增援的艦隻陸續回到了大員海面，共有十一艘增援船隻進入了熱蘭遮城與北線尾之間的海道停泊下來。於是評議會決定對赤崁市區的鄭軍進行反攻。九月十六日，荷蘭人的船隻猛烈砲轟鄭軍，但是戰鬥一個小時之後，形勢開始對荷蘭人不利，不久就有兩艘短艇被俘，一艘擱淺赤崁岸邊，荷蘭人一名船長、一名中尉、一名少尉，以及一二八名士兵和若干名水手被殺。另有一艘快艇砲管破裂，死了九個人。當晚風勢又逆轉，一艘荷蘭戰船被吹到鄭軍岸邊擱淺，荷蘭人正準備搶救，被鄭軍砲火炸沉。

計這次的荷蘭人進攻，共有士兵一七〇人和水手八、九十名死亡或被捕，另損失了大船二艘和短艇三艘，可謂損失慘重。但是，荷蘭人從敵人投降的俘虜聽說，鄭軍除士兵六百人喪生外，還損失了幾艘船。

經過此役之後，荷蘭人對兵員人數進行了調查，發現還有將近六百名士兵和三百名病號。

荷蘭人在兵力越來越薄弱的情況下，想要把駐守在雞籠和淡水的守軍和物資抽調回來，於是在九月三十日派出了兩艘快艇去執行這項任務，沒想到那邊的駐軍已經被克倫克帶走了。另外又派兩艘戰船在台灣與澎湖之間海域巡航，想要捕捉鄭成功從大陸方向過來的運輸船艦。

十月二十日，城堡內的荷蘭人發動了最後一次的進攻，兩百多名荷軍乘著多艘小船向北線尾的鄭軍防線駛去，但是鄭成功部隊的砲火猛烈，荷軍不敢登陸，這次的任務失敗了，這也是荷蘭人最後一次的反擊，從此即完全處於防守狀態。……

在這段戰局僵持不下的日子中，鄭成功及其部將經歷了難熬的時日。農曆七、八兩月的颱風季節，金、廈的糧船遲遲未到，戰士屯墾的糧食也還沒有出來，士兵們以番薯果腹，甚至吃樹子。接著，清廷採納戶部尚書蘇納海之議，下令海邊居民內遷三十里，上至遼東，下至廣東，「死亡者以億萬計」，民間村莊田宅盡被焚燬，又令破壞鄭氏祖墳和捉拿與鄭成功有來往的商家。不久，鄭芝龍的家人告發鄭芝龍與鄭成功有書信來往，鄭成功在天津、北京等地派有間諜活動，被軟禁在京師的鄭芝龍等十餘人被斬首於柴市。這些消息傳抵台灣，對鄭軍的軍心不無影響。

◆荷蘭人在基隆港口留下的歷史紀錄。西元一六六二年鄭成功擊退荷軍，不過荷蘭人並未完全撤出台灣，部分人躲至基隆港口的一處山洞中，並在洞內山壁刻上日期、姓名等字樣留念，頗有類似今日「某某人到此一遊」的意味。

十一月六日，靖南王耿繼茂那邊派人送來了一封信函，要求與荷人聯手對付鄭成功，並要荷人派出兩艘戰船前去福建方面共同消滅留守在金、廈的鄭成功部隊。揆一等人接信士氣大振，相互以堅守到明年期許。十一月二十六日的評議會也作出了從寥寥可數的兵力當中抽調三艘戰艦和兩艘小船攜帶彈藥、物資和士兵前去福建赴命的決定。卡烏這時自告奮勇要求帶船前去。

沒想到卡烏一出海就帶著船隊直奔澎湖方向，在那邊拋錨停泊。其中兩艘大船和一艘小船受不了風浪，錨索斷裂，只好回大員去了。卡烏見這些船隻走了，趁著風勢稍停，隨即下令另一艘小船一起起錨開船，向著巴達維亞方向前去了。兩船抵達暹羅時，卡烏又下令座船前後左右掛起彩旗飄帶，鳴砲一百多響，好像凱旋歸來一樣。當時荷蘭艦隊司令呂克（Jan Van Ryck）也在暹羅，來到了卡烏的船上，以歡迎拯救大員的勝利禮節，歡迎了這名臨陣逃脫的支援艦隊指揮官。

從克倫克到卡烏，他們的行徑使死守在熱蘭遮城的荷蘭人的士氣遭到徹底打擊，防守人員中有人開始變節以求活命。其中一名軍曹在十二月六日出城投降後，獻計鄭成功攻下熱蘭遮城旁邊高地沙丘上的烏特列支小圓堡，居高臨下便於攻下熱蘭遮城。

鄭成功採納了他的建議，在一六六二年一月動用了二十八門巨砲、無數的彈藥和數千名士兵，利用挖壕戰術，不顧荷蘭人頑強的火力抵抗，在經歷了重大犧牲後，終於在二十五日晚上幾乎把這個圓堡轟為平地，而占領到了有利的制高點。

鄭成功與荷蘭人在烏特列支堡的攻防戰，是亞洲軍事史上東西方最早的近代武器攻防戰戰例之一。雙方都動用了大量的火藥、砲彈，鄭軍已經揚棄了中國傳統的弓箭、大刀，也使用了戰壕、砲壘的進攻中的防禦手段。荷蘭人在最後實在支撐不下去了，才不得已將埋藏的地雷引爆，連鄭成功都差點在這次爆炸中失去生命，幸因到親臨堡壘視察的最後一刻

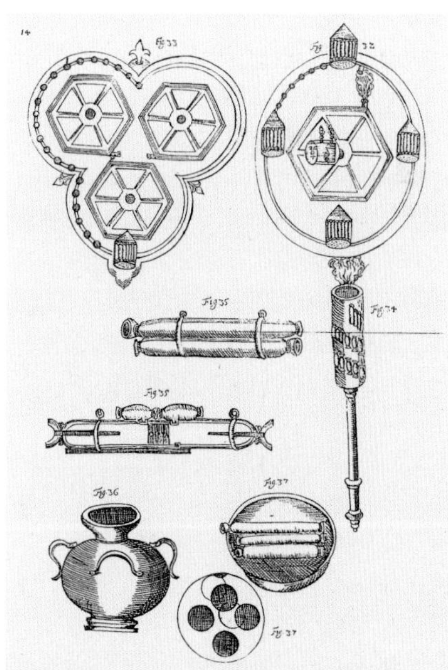

◆一六六〇年德國出版的圖書上繪有火箭、手榴彈、迫擊砲及瞄準器等當時新式武器。鄭成功進攻大員時所面對的就是這類先進西方武器。

◆荷蘭人向鄭成功投降圖。

受到警告而停止前往，才沒有受到危害。

同時，在這一場戰鬥中，也顯示了鄭家軍平時訓練的嚴格和戰場作戰經驗的豐富，雖然面對西方最先進的砲火，但終於以血肉之軀，取得了對荷蘭人最後一場戰役的勝利。

荷蘭人經此一役，已經走投無路，烏特列支堡失陷當晚，熱蘭遮城裡面的守軍徹夜發射大砲、迫擊砲、步槍和投射手榴彈，城堡裡面就像著火一樣。評議會也漏夜開會，商討是拚死出擊還是繼續抵抗。最後到會的只有四人贊成出擊，其中包括揆一本人主張等待鄭軍再進攻一兩次然後相機行事，他估計鄭軍在進攻當中已經用掉了二千五百發砲彈，已經沒有太多彈藥維持下去。然而，評議會多數人認為，把命運寄託在鄭成功物資耗竭的假想上是很不安全的想法，而且荷蘭人本身的傷員已經塞滿了醫院，士氣逐漸瓦解，繼續支撐下去只會帶來更可怕的命運。最後揆一讓步，決定由評議會同國姓爺進行談判，在合理的條件下獻出熱蘭遮城。於是荷蘭人立即向鄭成功發出要求停火的信函，並在二月一日雙方開始進行談判，在二月十日達成了一共十八條條款的協議，荷方同意將熱蘭遮城城堡交給國姓爺，十二日，荷蘭人撤出了熱蘭遮城，從此結束了荷蘭海外擴張史上在中國的一頁。但是荷蘭人並未完全撤出東方，他們繼續在長崎的出島經營商館，直到十九世紀中期為止，在印尼的殖民帝國，也是到二次大戰以後，才在印尼人爭取獨立的抗爭中宣告結束。

鄭成功對荷蘭人的勝利，使台灣頓時成為由漢人所代表的新的區域海上強

在鄭荷對決中被處死的荷人教士

◆版畫中描繪荷蘭傳教士遭鄭成功處死的情形。圖中半身人像即為這些傳教士。

在荷蘭人統治台灣期間，來自荷蘭的基督教教士一直是台灣長官和評議會轄下幫助治理台灣的一個有效工具。他們不但從東印度公司支領薪水，而且代理台灣長官在先住民村社和漢人聚居地征收人頭稅和打獵執照費等，也代表公司貸款給漢人貧窮獵人，再由他們提供廉價鹿皮償還貸款。因此，這些傳教士既是上帝的使者，也是東印度公司治理台灣的有效代理人。

為了便於傳教和臣服先住民，他們也在各個村社設立了學校，提供了簡單的教育，因而產生了一些教化作用。

但是，這些傳教士在台灣的漢人當中並不受到歡迎，因為他們加深了先住民與漢人的對立。而且荷蘭統治當局原本就不是真心體恤先住民，他們在紐約州(新尼德蘭省)、在爪哇和在摩鹿加群島，都有過極為惡劣的殘暴對待和屠殺當地土著的記錄，因此，從本質上對先住民的治理還是為了對付漢人。

在抗荷的過程中，鄭成功對這些傳教士採取了極為嚴酷的處置手段。根據東印度公司在鄭荷對抗後期派到大員的支援艦隊司令卡烏(Caew)一六六一年十月二十一日的日記，鄭成功在這一天故意放出兩名捕獲的黑人小孩，讓他們假裝逃出鄭軍陣營，去刺探熱蘭遮城的荷人軍情。他們向熱蘭遮城的荷蘭人透露，鄭成功因為憤怒九月十六日的遭遇戰中，火藥庫被荷蘭船擊中，死傷人員過多，因而將許多荷人俘虜處死，其中包括了四名教士和教會人員。這些人有漢布魯克(Antion Hantbroeck)、文森繆斯(Arnold Vincemius)、穆茨(Peter Muts)和里奧納多(Leonard)等人。他們被按照中國處死犯人的方式，先被款待以美食，然後再加以砍頭。漢布魯克女兒被收納入鄭成功本人的妻妾群之中(有兩姊妹，其中一人已婚，另一人未婚，被納的顯然是未婚的)，里奧納多的妻子十六歲的異母妹妹(父親為越南廣南人，母親為日本人)則送給了大將馬信。

但是，將荷蘭人牧師女兒納為小妾一事並非孤立事件，因為在這段期間，鄭成功還收納了一位商人Sacco(可能是華商)的女兒。這兩件事情顯示他在戰爭的壓力下盡量用女色麻醉自己。因此，有關他在次年因兒子鄭經沉迷女色私通乳母一事而大怒發病的說法，似乎不近情理。

權的中心。它的海軍武裝力量，結合在金門、廈門的軍事基地，西可直接威脅滿洲人政權的東翼，進而恢復南明的半壁江山；南可配合馬尼拉的華人勢力，驅逐菲律賓的西班牙人，建立新的統治政權；北可掌控日本對外貿易的命脈，甚至進襲九州。此時，鄭成功的進退之間，不僅可決定著台灣未來的走向，也影響到東亞歷史的發展軌跡。

但是鄭成功首先選擇了西進的既定方針，繼續以台灣作為反清復明的基地，另外他本人的過早病逝，使他南下進軍菲律賓的計畫無疾而終，台灣最後被納入了中國的歷史範疇，成為一個典型的漢人社會。

將星殞落　台灣歸清

荷人退出以後，台灣改名東寧。

鄭成功百廢待興，而到台的數萬軍人及其眷屬也需要安頓，於是他寓兵於農。另外為了收留因清廷禁海遷界而流離失所的大陸沿海人民，又招徠沿海不願內徙者，以實台地，估計因此移民到台的有數萬之眾，台灣人口一下子可能增加到十萬人以上。

領有台灣之後不久，永曆皇帝遇難消息傳來，鄭成功除派人打聽確實消息外，繼續奉明為正朔，以待光復失土，此一政策歷經鄭氏三代，一直未變。

鄭成功面對新闢疆土，又以嚴刑峻法治台。此固然是部將、官員眾多，草創初期需用重典約束，但亦是鄭成功個性使然。承天府府引楊朝棟、萬年縣知縣祝敬被告發放月糧扣剋使用小斗，經查明屬實，殺楊朝棟一家，祝敬被殺後家屬發配，造成人心惶惶。

◆遭鄭成功處死的四名荷蘭教士之一，漢布魯克行刑前與親人訣別的情景。

鄭成功這一嫉惡如仇的個性終成其致命之害。因傳他留守金、廈的長子錦舍（鄭經）與弟弟裕舍的乳母有染，經鄭經妻唐氏的祖父寫信向鄭成功告發，鄭成功令部將楊都事攜帶令箭到廈門，要取下鄭經頭顱，並要鄭經生母也就是他的元配董氏自盡。此事因有違常情，也事關內部權力鬥爭，部將均不敢執行，並聯名上書為鄭經請命。鄭成功見部將如此，急怒攻心，而在短短不到一年之內，父死、君亡、子亂的各種悲劇接連打擊，終於在台灣病倒了下來。永曆十六年五月初八日（公元一六六二年六月二十三日）下午，這位充滿傳奇的一代豪傑終於含著國未復、家仇未報的大恨，悽涼悲壯地離開了人間，時年不到三十七歲（按實歲計算）。

◆鄭成功病逝台灣後，康熙下令遷葬福建，圖為福建南安石井鄭成功老家的鄭氏祖墓。據傳鄭成功也同葬此墓內。

看鄭成功一生，似乎生來就與台灣和荷蘭人結下了不解之緣。他出生的時候，父親鄭芝龍就到澎湖和台灣的荷蘭人那邊做事，而匆匆離別了妻子和懷胎不到數月的他，此後多年沒有再見面。他是在平戶島上日本人與荷蘭人的環境中成長起來的。七歲回國以後，才開始接受中國正統的教育，但是孔孟之教對他的影響卻遠遠超過了他童年時期在異國環境下的耳濡目染。在經歷了家破人亡的人間至大悲劇之後，命運之神卻又神奇地將他拉回到與荷蘭人再度接觸的經歷之中。在他生命終結之前與荷蘭人八、九個月的作戰周旋，既是他父子兩代個人際遇的延續，又是早期中西海權歷史性遭遇的必然結果，最後則是以開闢台灣漢人主體社會而開啟了近代台灣歷史的新頁。

鄭成功去世以後，荷蘭人想要捲土重來。一六六二年八月十四日由波特（Baltasar Bort）率艦十二艘、士兵一千二百八十四人自巴達維亞抵達福州，想要聯絡靖南王耿繼茂聯合攻打台灣。經耿繼茂請旨京師數月無回音後，艦隊回巴達維亞去了。

次年八月底波特又再度率艦十六艘、士兵二千多人抵達福建沿海，要求聯合攻下金、廈之後，准荷人駐艦隊，並進軍台灣，由清方將台灣交還荷人占領。荷清雙方簽訂協議後，聯合攻下了金、廈兩島，鄭經主力被迫東渡台灣。一六六四年二月五日，荷艦開抵澎湖，但因清軍在此戰中實力大損，沒有餘力進攻台灣，荷蘭人在十三日將戰艦開抵熱蘭遮城附近和打狗（今高雄）下錨向島上鄭軍守將誘降不成，逗留了一個多月，在三月下旬只得帶著此行中所獲二四三名漢人俘虜（其中男子五十九名、女子三十六名和男孩一四八名），又返

◆施琅銅像。施琅原為鄭成功部下，後來投降清朝，並奉滿清政府之命消滅台灣的東寧國。

回巴達維亞去了。

一六六四年八月二十七日波特三度前來，直接奔向台灣北部，占領了雞籠，接著又從雞籠發艦十艘，載兵千人，前往福建與鄭成功原部將施琅配合，準備進攻台灣。十二月二十四日施琅從金門啟航後遇到颶風，這次征台又告失利。不過荷蘭人繼續占領雞籠，從事貿易活動。但因地理和滿清實施海禁等不利因素，連年巨額虧損，到一六六八年十月，荷蘭人終於徹底放棄了台灣。

鄭經東來以後，台灣經歷了鄭經、鄭克塽父子兩代。但是施琅對攻取台灣念念不忘，終於在康熙二十二年（公元一六八三年）在康熙本人的大力支持下，攻克了澎湖，迫使鄭克塽降清，從此台灣納入清朝的版圖，進入了另一個歷史紀元。

【註釋】

1. 鄭經出生於崇禎十五年（公元一六四二年）十月初二，鄭成功時年十八歲，董氏大鄭成功一歲，生於天啟三年(公元一六二三年)。
2. 此數字是依據《被忽視的台灣》。但據《巴達維亞城日記》一六六一年十二月二十一日記載估計的數字僅一萬一千七百人。
3. 根據荷蘭文獻記載的日期。如按《從征實錄》則為二十九日。
4. 有關荷蘭人方面的應變情況均根據《荷蘭人統治下的台灣》收錄的一六七五年在阿姆斯特丹出版的*'t Verwaerloosde Formosa*《被遺忘的台灣》，該書據說是荷蘭最後一任長官揆一所著。
5. 按楊英說法是第三天。
6. 據巴達維亞方面後來派來大員的支援艦隊司令卡烏（Jacob Caeuw）事後的報告，這些投降的荷蘭人，在九月十六日他所率領的支援艦隊進攻鄭成功艦隊和部隊失利後，男子後來大都被斬首或用其他手段殺掉，婦女大部分成了鄭成功部將的側室。

第十章　歷史的對比
歷史的反思

就在台灣開始進入荷占時期的同一時候，在地球的另一邊，也出現了一個同樣由荷蘭人劃歸為其領地的海外沃土。但是兩者後來的發展卻形成了截然不同的格局。

在東印度公的海外發展取得輝煌成就的刺激下，一群有錢的荷蘭商人在一六二一年也仿照成立了荷蘭西印度公司（The Dutch West India Company），荷蘭政府給予了這家公司同樣的海外拓殖權利，允許它在西半球的專有經營開發權。

在此之前，歐洲人最早是在十六世紀的一五二四年來到北美洲的東北部海岸。一位替法國人服務的義大利航海家維拉扎諾（Giovanni da Verrazano）為了追捕鯨魚，來到了目前紐約市南端的海灣。到十六世紀末期，西班牙人和法國人開始了對現在的紐約州一帶的探索，並開始了同當地的印第安人毛皮交易。但是直到十六世紀終了，歐洲人並沒有在北美洲大陸東北部建立永久的基地，到一六〇七年英國人才在現在的維吉尼亞州詹姆斯城（Jamestown）建立第一個歐洲人的永久基地。一六二〇年九月，一群住在荷蘭萊頓城（Leiden）達十二年之久逃避宗教迫害的英國清教徒，從英國的普里茅斯港（Plrmouth）乘坐「五月花號」出發，前往詹姆斯城，但是路上遇到風暴，漂到了北美東北部現在的麻薩諸塞州的地方，在當地定居了下來。

另一方面，一六〇九年，荷蘭人派出了一位英國船長亨利・哈德遜（Henry Hudson）率領大約二十名荷蘭人經北方海域尋找前往亞洲的捷徑，結果到了加拿大東海岸。這年夏天他的船隻「半月號」（Halve Maen）沿著海岸南下，一直到了現在的北卡羅萊納州，然後又折回向北返航。九月份，他進入了現在的紐約市的海灣。

在海灣上方，有一條大河自北方延伸下來。哈德遜希望這條大河能向西而去，帶他到亞洲去，於是就逆著這條河流而上，把「半月號」駛到了今天紐約州的首府所在地奧本尼（Albany）的地方，但最後看看找不到西向通往亞洲的出路，又不得不往南折回，離開了這條被後人以他的名字——哈德遜——稱呼的大河。

◆西元一六〇九年荷蘭人派遣英國人亨利・哈德遜到北美洲尋找通往亞洲的航路，結果進入了這條大河，進而促成荷蘭人在紐約的殖民，這條大河也因此命名為「哈德遜河」。

荷蘭人雖然對哈德遜沒有找到通往亞洲的水道感到失望，但他們倒是發現了這條河流沿岸的印第安人很友善，渴望同他們通商，進行毛皮交易，如果能夠在這裡設立一個殖民地，商業前景應當不錯。

一六一四年，荷蘭人根據哈德遜和後來的航海家的發現，在現在的奧本尼附近設立了一個貿易站，他們按本國的國名把附近的地區稱為「新尼德蘭」(New Netherland)，同時也跟大員的「熱蘭遮城」原先的取名一樣，按照領導荷蘭人反抗西班牙人統治的威廉大公在法國南部的小封地「奧蘭治」(Orange)的名稱，把奧本尼取名「奧蘭治堡」(Fort Orange)。[1]

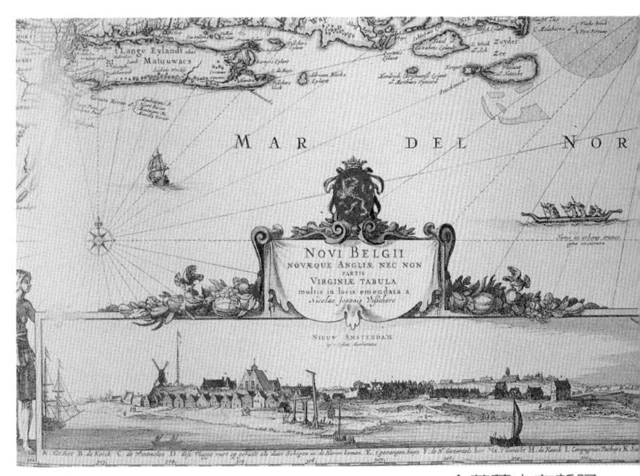

◆荷蘭人在新阿姆斯特丹(今紐約市)曼哈頓島南端建造的城堡和街市，與大員的風格十分類似，甚至街市旁邊也設一樣的絞刑架。

一六二四年，也就是荷蘭人正式占領台灣的同一年，荷蘭西印度公司派出了三十戶家庭共一一〇個大人、小孩來到了哈德遜河河口，其中有些人就沿著河流北上，在現在的奧本尼定居了下來，有些人前往現在的康內迪卡(Connecticut)和紐澤西(New Jersey)，剩下的少數人就在現在的曼哈頓島(Manhattan)住了下來，從此開始了荷蘭人長達四十年之久在北美洲的殖民事業。這個殖民事業與同一時期荷人在台灣的占領，雖然兩者都同樣把貿易當成活動重點，但呈現了完全不同的治理方式，其後的發展，也表現出完全不同的結果。

荷蘭人對紐約的治理

荷蘭人在曼哈頓島定居下來的第二、三年，又有更多的本國人陸續到來，他們帶來了耕牛，在島的南部尖端建起了與大員的城堡類似的阿姆斯特丹城，把這裡稱為「新阿姆斯特丹」。公司方面並決定以此作為行政中心，派出了行政長官治理。

第一任長官叫米紐特(Peter Minuit)，他像荷蘭第一任台灣長官宋克那樣，以微小的代價從土著手中「購買」了居住區附近的大片土地，用一些布匹、刀子、閃閃發亮的小珠子(時值六十荷蘭盾，約二十四美元)換得了整個曼哈頓島。

曼哈頓是個有二十幾平方英里的小島，但是已經比大員大了很多，連同其的鄰近地區，遠遠超過了大員和赤崁一帶荷蘭人所占有的面積。為了維持糧食的需要，米紐特要求在附近地區建立農莊，從本國移民前來種植。但是，這時荷蘭因為進入經濟黃金時期，很少人願意離開本國來到這片荒涼的地方，到一六四〇年，來到這裡的人數總共只有五百人而已。

西印度公司為了吸引更多的人前來，使貿易和農業發展起來，產生足夠的利潤，開始推出一種莊園制度（patroon），凡是公司股東只要願意支付五十個人到北美洲種植，就能擁有大片土地，在土地內的所有人、物，都完全由其擁有支配。

儘管有著這樣優渥的獎勵，願意前來開發的人還是很少。這與漢人願意到台灣墾殖和貿易的情形是很不相同的。不得已，荷蘭人向其他歐洲國家的移民開放，因此慢慢有北歐人、英國人，甚至猶太人漂洋過海到來，使這裡逐漸形成了不同民族的熔爐。一六四〇年代到過新阿姆斯特丹的一位法國教士報告說，這裡有十八種不同的話語在流通。

人種的多元化，使荷蘭人對市政的管理，遠較在台灣重視。在大員和赤崁，漢人居住的街市與荷蘭人所在的熱蘭遮城是隔開的，可能是一種自生自滅的存在，而漢人移民與荷蘭人之間，也只有被統治者與統治者之間的關係，是被當成二等公民對待的，而且要繳納人頭稅。但是在新阿姆斯特丹的歐洲移民們，不管是荷蘭人或非荷蘭人，是平起平坐的，不要交人頭稅，他們的人數雖然不多，始終維持在數百人至一千人之間，卻享有街道的規劃、商店和教堂的布局，甚至連酒吧間都大量出現；而他們與荷蘭長官之間是立足在市民與市政長官的關係之上，荷蘭長官雖然也是執法者，但更主要的是市政官員的地位而已，而且市民當中還有律師等專業人員可供伸張權利，因此，台灣漢人在荷蘭人的管轄下，地位是低下很多的。

◆美國東北部的印第安人因毛皮交易而與荷蘭人接觸。

但是，荷蘭人與當地土著的關係，卻與在台灣發生的如出一轍，也經歷過鎮壓屠殺的過程。不過，在台灣，荷蘭人是利用傳教士來緩衝與土著的關係，而在新阿姆斯特丹，則是直接的對抗，而且印第安人

的抗爭，到了後來比台灣的先住民遠為激烈。

大致來說，荷蘭人占領的初期與當地土著的關係是比較好的。如同在台灣的先住民當中謀求大量的鹿皮一樣，他們也希望從印第安人手中得到可觀的水獺（beaver）皮拿回到歐洲出售。因此，開始的時候他們儘量設法保持同印第安人的良好關係。可是從第二任新尼德蘭長官基福特（William Kieft）在一六三八年到任後，這種關係已經維持不下去了。基福特先是要求他們交稅，接著又以印第安人偷竊豬隻的名義派兵殺死數名附近小島上的土著。

此後，雙方的小爭執不時發生。一六四四年，基福特派出士兵屠殺了曼哈頓外緣的印第安村莊，將他們的房屋燒燬，將俘虜開槍打死或是趕回燒著的房屋裡頭活活燒死。

一六五五年九月，一名印第安小女孩在新阿姆斯特丹南端現在的華爾街附近採了幾顆荷蘭人種的桃子，當被一位荷蘭人發現之後，被用槍打死。黎明時分，五百多名印第安人駕著獨木舟從哈德遜河沿江而下，憤怒地攻擊了三天，殺死了大約一百名歐洲人移民，另外抓走了大約一五〇人，住在新阿姆斯特丹

荷蘭人殖民時期的紐約印第安人

印第安人大約在一萬多年前開始居住在紐約州地區。他們主要分成兩個族群，一是阿洛岡乾人（Alogonquians），一是伊洛克人（Iroquois）。阿洛岡乾人是先來者，伊洛克人後來來到之後，把他們趕到了現在紐約州的東南部。在荷蘭人抵達之前，伊洛克人已占有現在的賓夕法尼亞州向北到加拿大的大片地區。

這些印第安人與同期的台灣先住民似乎處於相同的發展階段，他們已經有了簡單的農業，例如伊洛克人的婦女用木頭和鹿角作的鋤頭翻土種植玉米。但主要的活動是男人的狩獵，用弓箭和吹箭或石槌襲擊野鹿、水獺或大熊。獸皮被用來製成衣服保暖。

在政治組織上，則似乎比台灣同期的先住民先進一些。當時台灣的先住民的各個村社互不統屬，由各自的頭人管理。伊洛克人則已經形成了五個部落的部落聯盟，後人稱為五族聯盟（Leagque of Five Nations），共同組成一個評議會，每年集會一次，解決彼此間的爭執和對外的糾紛。後來美國的開國元勳富蘭克林曾吸收這種民主方式，發展出美國的民主制度。

在運輸手段上，印第安人使用的是獨木舟。荷蘭人牧師也曾描述過大員附近的土著使用小船襲擊漢人或另外的村社。

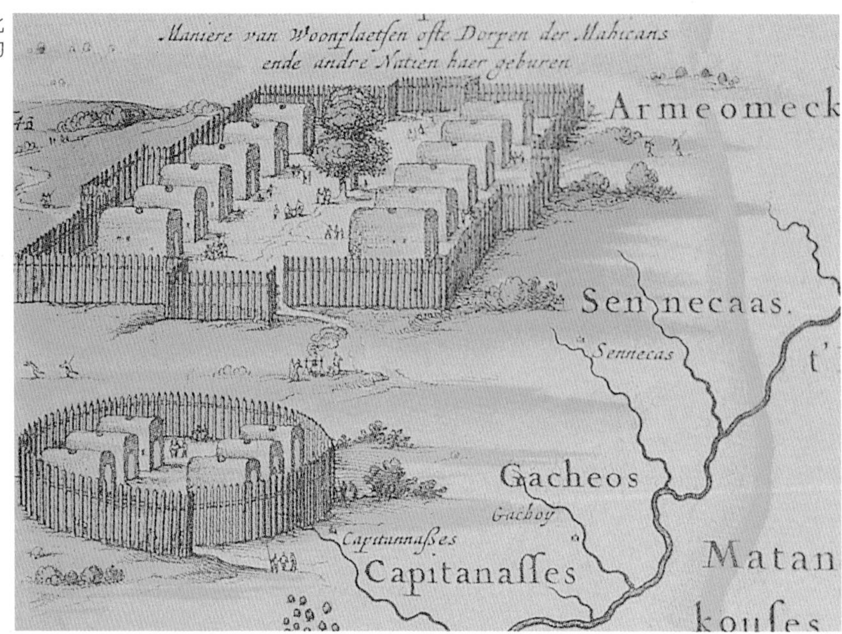

◆早期美國東北部的印第安人的住地。

城堡外街市上的歐洲人不得不擠進城堡內避難。這場動亂後人稱為「桃子戰爭」(The Peach War)。

當印第安人作亂之時，接替基福特的新荷蘭人長官斯特文森（Peter Stuyvesant）[2] 正在他領地南方的德拉瓦（Delware）解決同瑞典人移民的糾紛，他趕回來之後作了一個明智的決定，放棄了對印第安人的報復。但是這也反映了荷蘭人在美洲這塊殖民地上處境正日益艱難。一方面，在其北方的英國殖民地正逐漸擴張地盤，對荷蘭人構成威脅；另一方面，除了毛皮貿易之外，荷蘭人在北美洲大陸幾乎找不出什麼新的利潤來源，同印第安人的關係如繼續惡化，也就等於宣告西印度公司在北美洲經營的終結。

儘管如此，在「桃子戰爭」之後，殖民者們與印第安人之間仍舊經歷了長達五年的激烈抗爭時期。

到一六六〇年，已經有大約五千名歐洲移民居住在從新阿姆斯特丹沿哈德遜河向北一五〇英里到奧蘭治堡的河流兩側和新阿姆斯特丹東邊目前稱為「長島」(Long Island）的島上，其中約有一千人集中在新阿姆斯特丹的街市上。

另外的四千人住在大約三十個城鎮和村莊裡，其整體人數已經超過同期在台灣的荷蘭人總數數倍之多，但只有台灣漢人人數的四分之一到五分之一左右。

然而，荷蘭人在北美洲的殖民，也像在台灣一樣，最後面臨了在武力之下結束的命運，但是這次所面對的敵人是一直與他們進行海外競爭的英國人，而且也不像台灣的易手那麼戲劇化。

◆荷蘭最後一任統治紐約的長官斯特文森（圖中央右腳為木頭假腳的人）向英國人投降。

一六六四年，英國國王查爾斯二世（Charles II）將荷蘭人的勢力範圍送給了他的兄弟約克公爵詹姆斯（James, Dukes of York）。八月二十八日，四艘英國戰艦停泊在新阿姆斯特丹港港內，要求斯特文森投降。斯特文森準備死守城堡，與英國人周旋，但是居民們面對裝備更為精良的敵人，卻聯名寫信要求他投降，甚至他自己十七歲的兒子都在簽名者的行列之中。斯特文森被迫在九月八日簽署了移交文件，英國人就這樣不費一兵一卒地拿下了「新阿姆斯特丹」和占有了荷蘭人的所有屬地，北美洲東部的大片土地歸入英國人的手中，「新阿姆斯特丹」改名為「紐約」，「奧蘭治堡」改稱「奧本尼」。

一六七三年一支荷蘭艦隊開回到紐約港口，在砲口下收回了這個原先屬於他們的屬地，但是幾個月後，英荷兩國簽署了和平條約，把紐約和蘇利南[3] 相互交換，從此真正結束了荷蘭人殖民北美洲的歷史。沒有了荷蘭長官以後的紐約，繼續保持了原有的生活方式和宗教容忍態度，荷蘭人和英國人和平相處，相互通婚。

荷蘭人留下了什麼？

荷蘭人在東西兩個世界的同時殖民占領，到底給後人留下了什麼？

在台灣，除了曾經被稱為普羅岷西亞城的赤崁古城外，我們已經幾乎完全找不到荷蘭人將近三十八年的殖民痕跡了。滄海桑田，甚至連原來孤零零伸出外海的熱蘭遮城，今天也只能在已經與本島連成一片脫離原樣的安平古堡，去憑弔它往日的風情了。

◆美國現存最老的房子「鮑恩之家」，座落於荷蘭人最早開發的法拉盛地區，此處亦是反對斯特文森對桂格教派教徒宗教迫害行動的發祥地，由此孕育了人人有權享有「愛、和平與自由」的概念。

但是在今天的紐約，荷蘭人卻留下了不少的殘痕，可供後人去追尋，例如現在已經從美國風行到全世界的甜圈圈（donuts），就是荷蘭人的炸糕點（olykoeck）。另外配肯德基炸雞吃的一種高麗菜沙拉（cole slaw）也是源於荷蘭人的配醋高麗菜沙拉（koolsla）。

聖誕節也是從荷蘭人的習俗傳下來的。荷蘭人的聖誕節原來是在每年的十二月六日，聖誕夜是在十二月五日。在聖誕夜的時候，一個穿長袍有長鬍子的老頭叫Sinterklaas的會造訪每個小孩的家裡，給他們掛著的長襪子裡派送禮物。這種習俗後來傳到了鄰近的英國人殖民地，英國人把Sinterklaas發音發快了，就變成了Santa Claus（聖誕老人）。後來英國人又把聖誕夜和聖誕節往後挪到十二月二十四日和二十五日，就變成了現在通行的聖誕節日了。同樣，每年四月美國小孩的復活節畫彩蛋的習俗，最先也是荷蘭人小孩的活動。

另外，大概也很少人知道，打保齡球的運動是當初荷蘭人的戶外活動。每年荷蘭人會在新阿姆斯特丹叫Bowling Green（今天華爾街的紐約證券交易所附近）的地方舉行展銷會，連遠自康內迪卡和紐澤西的英國人都會帶他們種的作物或養殖的牲口到這裡來比賽。在這個節日當中，荷蘭人會玩一種從本國傳來的滾球遊戲，最先是撞九個瓶子，後來因為法律禁止在星期天和假日玩這種撞九個瓶子的遊戲，有些人取巧，改成十個瓶子，從此就變成今天十個瓶子的保齡球（取名自Bowling Green）遊戲了。

此外，還有一些多彩多姿的活動，像滑冰、賽馬、打網球、撞球等，都還是今天紐約許多人愛好的運動。

除了這些習俗和活動外，荷蘭人還給紐約留下了一些值得紀念的街名或他們本國的地名和建築格式。例如，世界著名的金融街「華爾街」（Wall Street）

原來是荷蘭人樹立圍牆（wall）隔離印第安人入侵的地方；從中國城中心穿過的「運河街」（Cananl Street）原來是荷蘭人修建的排水運河；而今天黑人聚居的哈林區（Harlem）和台灣移民最集中的社區法拉盛（Flushing），則原來是新阿姆斯特丹外圍的農莊地區，是從本國的地名Haarlem和Flushing（荷文為Vlishing）移植過來的稱呼。今天的哈林區還蓋有不少後來建造的荷蘭風格的房子，法拉盛也有同樣風格的老房子遺留下來。

一六五七年的時候，有一些在波士頓地區受到英國清教徒排擠的桂格教派（Quakers）信徒來到了法拉盛定居下來。荷蘭長官斯特文森對他們進行了宗教迫害，把在法拉盛街上傳教的兩名婦女和在長島鼓吹信仰的一名年輕男教徒拘捕下獄，並且用鞭子把這名年輕教徒幾乎抽打致死。後來住在法拉盛和附近地區的三十一名英國人和荷蘭人聯名寫信向斯特文森抗議，指出每一個人都有權享有「愛、和平與自由」，而且這種「愛、和平與自由」擴及「猶太人、土耳其人和埃及人」。這是美洲殖民地人民爭取人民基本權利的最早活動之一。後來西印度公司因為擔心引起移民者的不安而介入此事，結束了這場爭執。

就是類似上述的爭取基本自由和宗教自由的活動，點點滴滴積累下來，才形成了美國的基本立國精神。而這種無形的精神，追根溯源，實際上比十八世紀美國革命者反抗英國殖民者的年代更早之前一百年，就已經慢慢發軔了，而它對後世的影響就更難以估計了。

當然，荷蘭人留下來的也還有許多表現人類弱點的地方，當最後一任長官斯特文森在一六四七年抵達新阿姆斯特丹的時候，他就是因為看不慣這裡的髒亂，而決定採用鐵腕統治手段。當時他所看到的街市，堆滿了每戶人家丟到街道中心的垃圾，市民們成天到晚喝得醉醺醺的，街上每四家店舖就有一家是酒店或酒吧。另外，城裡還有許多妓女、賭徒和黑奴，斯特文森自己就蓄養了大約五十名黑人。不過，斯特文森也做了一些好事，譬如設立警察隊伍、建造了醫院和郵局、馬路鋪上石頭、安排垃圾清理等等，這是現代市政管理的濫觴。

總之，在十七世紀二〇年代到六〇年代之間，太平洋和大西洋的西緣，不約而同出現了由荷蘭人占領的兩個天地。但是因為移民組成的不同和荷蘭人治理方式的不同，兩者後來的發展出現了截然不同的結果。

就台灣來說，荷蘭人開放漢人到台，而沒有招徠其本國或歐洲移民，是因為他們原先只想把台灣作為一個對華貿易站，並沒有長遠的墾殖規劃，更沒有類似紐約的市政層次的政府結構，當然漢人更不可能像紐約的歐洲自由移民一樣，與荷蘭人平起平坐，討論施政方針。

然而，台灣原來已經有了漢人社會的雛形形成，荷蘭人到來以後只想在原有的基礎上利用漢人種植農作和開展對華貿易，因此在對待漢人的態度上，除了抽取重稅外，並沒有像他們在爪哇或是像西班牙人在菲律賓那樣嚴苛，也就是漢人在政治地位上雖然比荷蘭統治者低一等，但還保留了相當的經濟活動自由和人身自由。可是，除此之外，並沒有什麼規章制度，而且統治時間久了以後，統治者與被統治者之間的摩擦加劇，尤其是郭懷一事件以後，這種相互共存的基礎就不復存在，不僅導致了荷蘭人統治根基的動搖，也造成了漢人對這些歐洲外來者的完全排斥。終於在鄭成功勢力到來以後，荷蘭人在台灣三十八年「治理」的一切痕跡，包括其生活習俗等，也連帶被幾乎連根剷除。

另外，就紐約來說，除了印第安人外，本來就是一個處女之地，要進行開發，除了利用本國移民和歐洲剩餘的勞力外，根本沒有其他移民來源。而當時荷蘭正開始進入歷史上最繁榮的黃金時期，其本國人口也不過數十萬人之多，實際上是很難招到人員到新大陸從事墾殖工作的，願意去的都是一些急於發財致富的冒險之徒，他們帶去的是一種獨立自主、開創犯難精神。這些人有比利時南部和北歐的農民，後來還有從巴西過去的猶太人，和從北美洲的英國人區

◆荷蘭人在新阿姆斯特丹（今紐約市）最南端建造的城堡風格，與大員的「熱蘭遮城」極為類似，圖中前方的木柵圍牆即為後來聞名於世的「華爾街」的遺址。

搬過去逃避宗教壓制的基督教徒，這些人先天已經帶有追求高度自由的血液，而且在新的天地裡，得到了比較平等的待遇，因此，在荷蘭統治者為英國人取代以後，雖經歷了數百年，原有的某些生活方式並沒有受到排斥，反而很好地保存了下來，後人仍舊能夠看到原來的一些風貌。

歷史的反思

十六、七世紀是中國沿海居民衝破朝廷海禁冒險開闢海外事業的時期，也是第一波的歐洲人開始在亞洲大發現、大殖民的時期。原來孤懸海上不受注意的台灣正處於從南洋到日本的航道上，也正好處在福建、澎湖對大洋投射的航路上，因此兩股海洋勢力在這裡交會碰撞乃是歷史的必然，最後是以起自中國民間的勢力的勝利，荷蘭人的退出，開啟了台灣成為漢人主體社會的歷史。

但是荷蘭人雖然走了，卻留下了一些帶有歷史意義的重大問題值得我們去探索：台灣在經過長期的歷史沉睡時期以後，為什麼在十七世紀一夜之間成為東西方衝突的焦點？為什麼中國民間的海上武裝力量最後能夠擊敗當時從非洲到南洋所向披靡的歐洲人先進勢力？在世界殖民歷史上，台灣被漢人最後擁有的歷史意義是什麼？台灣對滿清的歸屬地位確定以後，它的地緣地位出現了什麼變化？在與西方接觸和受到西方治理的過程中，台灣獲得了什麼歷史經驗？

要探討這些問題，必須從十七世紀全世界格局的變化和對東亞的產生的影響說起。

從全球的意義上來說，十六、十七世紀歐洲人的東來，是人類有史以來第一波全球化的開始。它不僅打開了歐洲人同中國的直接貿易，也直接衝擊了東亞的政治格局，特別是火藥槍枝的運用促成了日本的統一和統一之後的短暫對外擴張。

這一波的全球化以海運和海權的伸張為其主軸，台灣以其可以用來打開西方夢寐以求的中國貿易的優異地理位置，和從南洋到日本的中間站地位受到了西洋人和日本人的垂青。雖然開頭因為對這種優異性了解不足和台灣本身尚未開發，而為最早期東來的歐洲人（葡萄牙人）所忽略，但是隨著時間的推移，它的有利地位就益發受到注意，因此在進入十七世紀以後，荷蘭人、西班牙人，甚至東亞北部的日本人，都無不想要在此占有一席之地，以建立同中國的貿易據點。而中國人本身的海上武裝力量，包括在日本的閩南人勢力，在歐洲人帶來了對歐和對日的商機後，儘管有著朝廷的重重限制，並不放棄利用三不管地帶的台灣作為中國、南洋和日本之間三角貿易的據點，因而也很早就在這

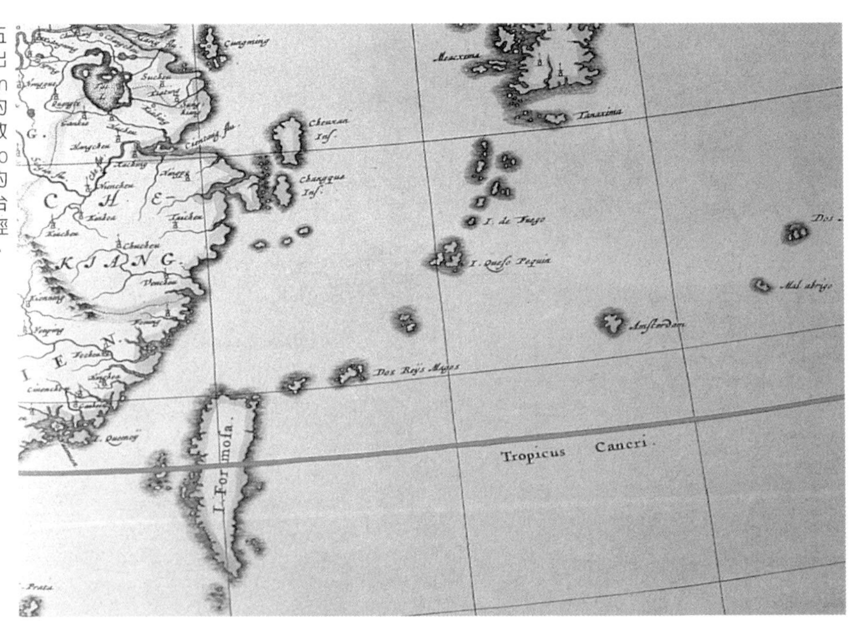

◆公元一六五五年，荷蘭地圖出版商Joan Blaeu，出版的義大利耶穌會教士Martino Martini繪製的中國地圖中，台灣島的外形已經接近實際輪廓。

裡建立了地盤。到李旦和鄭芝龍等兩代人的實力壯大和統合了零散商民與海盜後，中國人在台灣的活動性質，實際上已脫離了以福建閩南為基地的對台漁獵和海上武裝搶劫的「國內經濟活動」範疇，被開始納入亞洲內部和跨洲的國際貿易格局之中。

但是，這個時期的國際貿易，完全是以海上武裝力量為其後盾，沒有強大的武裝海船和能夠適應遠洋海上生涯的充裕人力，就不可能與對手一爭短長。從王直一代開始的中國東南沿海商民和閩南人海外冒險勢力，正好為此提供了必要條件。

這些以人數龐大的閩南海商和船員為主的海上武裝力量，延續了從中國宋元以來的航海傳統，他們不但具備了中國古代製造大船的能力，也得風氣之先，在自己的船隻上安裝了從西洋人學會製造出來的大砲。像鄭芝龍的船隻就安裝有十六、二十甚至三十六門大砲。鄭成功進一步發展這些武裝力量，不但戰船上安裝有大量大砲，而且開始使用投擲式的火藥瓶。在這個基礎上，這些閩南海上力量，因為早期與日本海寇的合作和與澳門葡萄牙人、馬尼拉西班牙人及台灣荷蘭人的接觸來往，也顯然學會了更為先進的航海技術和遠航能力；

同時在作戰能力上更能知己知彼和能夠結合西洋人與日本人的長處。這些都是無形的寶貴資產，使他們在當時的條件下，具備了足夠與西洋人和東洋人匹敵的實力，因此在歐洲人競相東來，日本人對外伸出觸角的時候，能夠在沒有政府支持的劣勢下，形成同東洋人和西洋人鼎足而三的三雄併立局面，並在日本因國內因素退出海上角逐之後，約束了荷蘭人在亞洲的進一步擴張，成為東亞海洋發展和海洋貿易的主導力量。

在這個意義上，由鄭芝龍到鄭經三代所延續經營的海上武裝力量無形中也就延緩了歐洲人前進東亞的步伐。荷蘭是當時歐洲最強的海上王國。荷蘭的擴張受到約束，相對的在亞洲海軍力量還不如荷蘭的英國以及法國等歐洲新興海上強權在東亞的發展，也自然難以超越這個王國。滿清領有台灣以後，初期政權穩定，農工商業繼續發展，並在相當一段時間內在台灣海峽仍維持和承襲了鄭氏三代所保留下來的海上穩定局面，直到其統治後期因國力衰竭而為不斷發展的歐洲新海上強權所擊敗為止，可以說台灣能夠發展成為一個成熟的漢人主體社會，與這種相對平穩的東亞國際環境是密不可分的。

從世界殖民史的角度，荷蘭人為漢人取代，退出台灣的歷史舞台，也有其特殊的意義。如果沒有作為漢人代表的鄭成功領有台灣，台灣本身勢將繼續成為歐洲人的殖民地。不但荷蘭人不會輕易將其放棄，即使放棄，繼荷蘭人而起的歐洲新興強權的英國也始終虎視眈眈，[4] 西班牙人更可能遲早要捲土重來，而出現像當時的紐約在西方人之間相互轉手那種情況。以當時的滿清統治者而言，身為馬上民族，政權初立，對海洋發展既無經驗也不會有興趣是不言而喻的。一旦歐洲人繼續占有台灣，除非他們已立即成為其海防心腹大患，否則清朝政府是不可能有積極進取台灣趕走歐洲人的考慮的。而台灣如果不被清人收入版圖，則其與印尼或菲律賓被西方人殘暴殖民統治三、四百年的命運將不相上下。那麼，今天的台灣就像印尼或菲律賓一樣，又是另一種發展局面了。因此，鄭成功擊退荷蘭人的行動，使台灣出現了與印尼或菲律賓截然不同的發展命運。

從一六六二年鄭成功去世、鄭經繼位，到一六八三年台灣降清之後，由於清朝禁海，鄭氏政權為了維持生存，繼續利用海上貿易擴大生存空間。台灣充分發揮了對日本、對南洋進行轉口貿易的優勢。但是這種地緣優勢在台灣歸清以後就逐漸消失。

康熙二十四年（公元一六八五年）清政府有限度地開放海禁，台灣的海外貿易角色很大程度上受到削弱，無法與大陸沿海口岸匹敵。一方面大陸沿海商民紛紛自行北上日本，南下南洋；另一方面，各國商船獲准到福建、廣東、浙江和江蘇貿易，原來在台灣與鄭氏政權交易的英國人也改而轉到廈門、廣州、寧波等地經營。之後因為洋商，特別是英商多集中在寧波，企圖直接切入絲、茶產區，清政府擔心形成另一個澳門，於是在乾隆二十二年(公元一七五七年)宣布關閉福建、浙江和江蘇三省海關。從此廣東一省得天獨厚，全部對外貿易均由廣州進出，所有海關業務全由十三商行壟斷，這種一口通商的局面一直維持到道光年間鴉片戰爭前夕。因此，廣東海商勢力便趁勢而起，取代了曾經縱橫東亞海域的閩南海商。[5]

在此背景下，當初跟隨鄭成功和鄭經父子轉移台灣的傳統閩南海上商業和武裝勢力的精華，也就隨著清代台灣海外貿易功能的漸漸削弱而被自然淘汰，無法再度稱雄台灣海峽和南洋海域，最多只能扮演對大陸的內貿角色。所謂「一府二鹿（鹿港）三艋舺」就是在這種情勢下應運而生的。整個十八世紀的情形都大致如此。

但是，有失就有得，清初政權的穩定和經濟發展的結果，給台灣的經濟帶來了長足的進展，傳統的農業和商業都繼續發展，奠定了典型漢人社會的基礎。

就這樣，台灣在十七世紀為歐洲人占領的歷史塵埃落定了。接續的鄭氏和滿清政權將台灣完全納入中國人的社會，荷蘭人在台灣的治理痕跡，很快就隨著時間的推移而煙消雲散了。

然而，荷蘭作為當時歐洲經濟最發達的國家，同時也是現代資本主義的發源地，而其造船和地圖的製作的技術在世界上更是首屈一指，從現代意義上說，台灣接受過它近三十八年的統治，理論上，對台灣發展成為兼收中西文化之長的社會，是具有得天獨厚的條件的。可是，實際上由於荷蘭人始終只是把台灣作為其海外殖民帝國的延伸，除了殖民地式的甘蔗種植和對先住民的「教化」外，台灣社會所獲得的歐洲先進科技和文化其實是等於是零，這不能不是一個遺憾。反過來，在荷蘭人退出，台灣轉變而為漢人主體社會後，統治者繼續排斥同西方世界的接觸，並沒有像日本統治者對待長崎那樣，利用台灣的歷史經驗，把台灣當作吸收西方科技文明的窗口，因此台灣作為催化中國社會提早向現代化前進的一點作用，也被白白浪費掉了。連帶地，台灣本身的發展也受到了局限。

相對於中國人的固步自封，當時的日本雖然正處於鎖國狀態，卻一直都在注意西方的發展。日本的統治者除了早期從英國人三浦按針身上學習造船和製圖的技術外，在鎖國時期還繼續從長崎的荷蘭人處學習西洋醫學、天文、地理等和其他科學，並有專人翻譯荷蘭文獻，定期向幕府報告，並使西方新知逐漸滲入民間知識階層。中日統治者在學習西方事務上的態度差異，到十九世紀後期，效果已經互見高下，日本現代化的步伐終於走到了中國的前面。而台灣則在中日這場現代化的角逐中，在十九世紀即將結束之際，於甲午戰後從一個海權已經沒落的國家的手中，轉移到了另一個重新出發的海權國家的手中。

◆圖為人稱「鄭一嫂」的著名女海盜與清朝官兵廝殺的場面。

歷史的未完結篇

今天，台灣的歷史又進入了一個新的轉折。在經歷了半個世紀日本的統治和半個世紀與中國社會的政治隔絕之後，台灣正處在一個尋找歷史歸宿的十字路口。

四百年前，台灣因為靠近中國的地緣位置而受到世人的注意，從此開始了東西海權圍繞著台灣而展開的互動，台灣的歸屬就在每一次的互動最後上升到戰爭的階段之後被決定了：一六〇二年荷蘭人攻打葡萄牙人占領的澳門不果後，在一六〇四年進占澎湖一三一天；一六二二年荷蘭人進攻澳門再遭失敗後，二度占有澎湖兩年又一個半月，經福建官兵與荷蘭人在澎湖決戰後，一六二四年荷蘭人改占台灣；一六六一年鄭成功從金門、廈門發兵大員，對荷蘭人發動長達九個月的作戰後，台灣被納入了漢人的社會；一六八三年清將施琅水師攻克澎湖，鄭克塽政權覆滅，台灣進入了大清的版圖；一八九四年中日渤海海戰，清海軍瓦解，台灣讓與日本；一九四五年中日二次大戰終結，台灣又再度被納入中國版圖；一九四九年代表西方不同利益的美蘇集團各自支持的國共勢力經過慘烈的內戰後，敗方退據台灣，勝方隔海而治，明末鄭氏政權與清廷隔海對峙的歷史局面重演；一九五〇年韓戰爆發，中美開戰，美國海上武裝力量進入台灣海峽，台灣再度被納入西方勢力範疇，五十年來，這種態勢基本保持不變。歷史似乎一再向我們顯示，從十七世紀開始的在東西海權的交戰互動中塑造台灣歸屬的歷史宿命，到現在都還沒有完結。

而一些基本的歷史決定因素也似乎在向我們證實著這點，因為：台灣在中國旁邊的戰略地理位置一直沒有改變；四百多年來西方海權國家追尋龐大的中國貿易利益的興趣一直沒有衰退；鄭成功祖孫三代在台政權同滿清對峙的歷史陰影一直揮之不去；更重要的，東西方海權的互動較量，雖然已經經歷了幾個世紀，而西方介入的角色，從葡萄牙人、西班牙人、荷蘭人到英國人、法國人，再到現在的美國人，一直不斷更換，但是最後的勝負結局卻還沒有出現；因此，也就似乎注定了台灣還要繼續承受這種透過戰爭決定歸屬的歷史宿命。並且隨著戰爭手段超越大船大砲向現代武器升級，而面臨可能承受一場毀滅性打擊的命運。

或許有一天，以當前中國與美國之間的抗衡為形式，以圍繞台灣的較量為主軸，以國家軍事實力為後盾，並且歷時長達四百年以上的東西文明的互動和競爭，就會有了決定性的結果，到時台灣的最後歷史歸宿也就會隨之塵埃落定！但是，我們可不可能跳脫這種戰爭決定的歷史宿命，為台灣找出一條更好的歷史出路？

【註釋】

1. 現在台南安平的古堡「熱蘭遮城」原先也取名「奧蘭治堡」，後來才改名「普羅岷西亞城」，再改名「熱蘭遮城」。
2. 在曼哈頓南端有一所在紐約市甚至在美國都最出名的一所公立高中，即是以這位長官的名字為校名，目前有許多台灣人移民的傑出子弟在這所學校就讀。
3. 南美洲北部的原荷蘭殖民地，與圭亞那為鄰。
4. 《荷蘭人統治下的台灣》一書中提到一位英國人從一六三二年起就蒐集了大量有關台灣的資料，敦促英國東印度公司注意台灣線索。在荷蘭人到了台灣以後，英國人也一直都想打開對華貿易，苦於找不到一個適當的立足據點。在鄭經繼承了在台灣的統治權力以後，英國東印度公司就與他在一六七〇年簽訂了條約，在安平（大員）舊址上設立了商館。
5. 和閩南海上勢力一樣，在廣東海商當中，也有不少是亦商亦盜的武裝集團，其中最著名的有鄭一夫婦和張保共同率領的集團。在十八、九世紀之交，這個集團與張保集團，縱橫粵海十幾年，連同其他小股海盜在內，人數最多時達五萬人之多。

《年表》

公元與年號	重要事件
1340元順帝至元6年	中國十五名使臣抵印度蘇丹王國都城德里，會見摩洛哥旅行家伊本・巴圖塔。
1341元順帝至正1年	伊本・巴圖塔奉印度蘇丹王國國王之命出使中國。
1346元順帝至正6年	伊本・巴圖塔抵達泉州。
1368明太祖洪武1年	朱元璋稱帝，建立明朝。
1369明太祖洪武2年	倭寇侵擾山東、浙江沿海。
1371明太祖洪武4年	朱元璋「以海道可通外邦，故嘗禁其往來。」
1372明太祖洪武5年	明使僧祖闡、克勤使日。
1374明太祖洪武7年	明政府派兵巡海，防備倭寇。
1383明太祖洪武16年	明與日本絕交。
1390明太祖洪武23年	朱元璋以「兩廣、浙江、福建愚民無知，往往交通外番，私易貿易，故嚴禁之。」
1405明成祖永樂3年	鄭和第一次出使南洋（－1407年）。
1415明成祖永樂13年	葡萄牙人跨過地中海占領北非摩洛哥重要港口休特。
1417明成祖永樂15年	鄭和第五次出使南洋，行前至泉州參拜回教兩聖人墓，祈求航行平安。
1419明成祖永樂17年	葡萄牙亨利王子任阿爾加維省總督，醉心推動葡萄牙的航海事業。倭寇侵遼東。
1423明成祖永樂21年	中山王統一琉球，派使臣到中國請封。
1434明宣宗宣德9年	日本勘合貿易船初次發遣中國。
1436明英宗正統1年	德國人Johannes Gutenberg發明金屬活字印刷機。
1439明英宗正統4年	倭寇侵浙江台州。
1453明景帝景泰4年	土耳其滅東羅馬帝國，占有君士坦丁堡。
1455明景帝景泰6年	歐洲使用Gutenberg活字印刷機印出首部聖經，開啟了知識傳播的大門。
1479明憲宗成化15年	西班牙阿拉岡和卡斯提王國在斐迪南和伊莎貝拉夫婦手中合併。
1486明憲宗成化22年	葡萄牙人狄亞士發現非洲好望角。
1492明孝宗弘治5年	斐迪南和伊莎貝拉夫婦完成西班牙的完全統一；哥倫布抵達美洲聖薩爾瓦多島。
1494明孝宗弘治7年	西班牙、葡萄牙簽署瓜分東西半球的條約。
1498明孝宗弘治11年	達伽瑪繞道好望角經東非蒙巴薩穿越印度洋抵印度加利卡特。
1500明孝宗弘治13年	葡萄牙人抵巴西。
1502明孝宗弘治15年	哥倫布最後一次航抵加勒比海，抵達現巴拿馬運河進口處。

公元與年號	重要事件
1504明孝宗弘治17年	葡萄牙在印度設總督。
1510明武宗正德5年	葡萄牙人阿布克奇占領印度果阿（古稱臥亞）， 建立控制印度西海岸的據點。
1511明武宗正德6年	阿布克奇占領馬來半島的要衝麻六甲，打開了從歐洲通往東方的航路。
1512明武宗正德7年	葡萄牙人侵入香料產區摩鹿加群島。
1513明武宗正德8年	一位葡萄牙商人抵廣東珠江口屯門進行香料貿易。
1515明武宗正德10年	至1520年，葡萄牙使臣陸續抵廣東外海要求通商。
1519明武宗正德14年	葡萄牙人麥哲倫受西班牙國王支助率五艘船隻組成的艦隊沿南美洲尋找往東方航路，次年十一月繞過南美南端抵達太平洋。
1520明武宗正德15年	葡萄牙使臣船隊在廣東東莞西草灣與中國艦隊首次發生武裝衝突，葡萄牙人被擊退。
1521明武宗正德16年	麥哲倫在菲律賓遇害。僅存的兩艘船隻在十一月抵達摩鹿加群島，其中一艘為葡萄牙人劫走。剩下的「維多利亞號」經南非好望角在次年九月回到西班牙，完成人類首次海上環球壯舉。
1524明世宗嘉靖3年	義大利人維拉扎諾航抵今紐約市南端海灣。
1526明世宗嘉靖5年	葡萄牙人抵寧波外海雙嶼港與中國私商進行走私貿易。到此進行走私貿易的還有日本人、馬來人、琉球人、暹羅人、印度人和衣索匹亞人。
1540明世宗嘉靖19年	安徽人王直到廣東造船，往日本、暹羅貿易，在暹羅結識葡萄牙人。
1543明世宗嘉靖22年	三名住在暹羅的葡萄牙人與王直因船隻遇風漂到日本南方的種子島，這是日本初次與歐洲人接觸。西洋火器傳入日本。王直抵平戶。
1544明世宗嘉靖23年	中國海盜許二抵平戶。
1545明世宗嘉靖24年	明軍焚燬雙嶼港的葡萄牙船。
1547明世宗嘉靖26年	葡萄牙人入侵月港（今漳州）。倭寇攻寧波、台州。
1548明世宗嘉靖27年	葡萄牙人在雙嶼的走私據點為浙江巡撫朱紈搗毀，逃抵浯嶼（今金門）、月港（今漳州）。隨後因與當地官方產生衝突，又移師廣州外海的上川島和浪白澳。
1549明世宗嘉靖28年	王直結合倭寇劫掠中國沿海。西班牙人征服阿根廷。耶穌會創始人之一的

公元與年號	重要事件
	葡萄牙籍教士沙勿略登陸九州南端的鹿兒島，天主教開始傳入日本。
1551明世宗嘉靖30年	葡萄牙船航抵九州東北的豐後進行貿易，途經台灣時，以福爾摩沙（Formosa）稱呼。中國海盜徐海抵平戶。沙勿略自日本返回印度果阿。中日勘合貿易終止。
1552明世宗嘉靖31年	沙勿略自果阿抵廣東珠江口的上川島，年底病逝。
1553明世宗嘉靖32年	葡萄牙人向中國官員「借住」澳門。
1554明世宗嘉靖33年	福爾摩沙（Formosa）之名首度標上葡萄牙人的地圖。倭寇侵入溫州。俞大猷在吳淞打敗倭寇。漳州籍海盜陳老「結巢澎湖」。
1555明世宗嘉靖34年	王直引倭寇從江蘇太倉攻入蘇州、南京，在南京安定門一帶縱火焚燒和屠殺平民4500人。
1556明世宗嘉靖35年	俞大猷敗倭寇於廣東黃浦。戚繼光在浙江組民軍禦倭。明使鄭舜功從九州島豐後登陸日本。
1557明世宗嘉靖36年	倭寇入侵揚州。
1558明世宗嘉靖37年	倭寇入侵福建、浙江，遭戚繼光擊退。
1559明世宗嘉靖38年	王直被計誘回國，斬首於杭州。
1560明世宗嘉靖39年	倭寇侵入浙江湖州。
1561明世宗嘉靖40年	戚繼光在浙江連敗倭寇。
1562明世宗嘉靖41年	「唐船」（日本對中國貿易船的通稱）航抵長崎。戚繼光在福建興化擊敗倭寇。
1563明世宗嘉靖42年	俞大猷、戚繼光在福建再敗倭寇。廣東惠來籍海盜林道乾為俞大猷追至澎湖，後遁入今台灣嘉義一帶。
1565明世宗嘉靖44年	西班牙人占領菲律賓，在宿務建立西人在亞洲的第一個殖民地。西班牙人占據廣東虎跳門，廣東當局派兵焚燒其據點。戚繼光在福建福寧再敗倭寇，福建、廣東倭患平定。
1566明世宗嘉靖45年	年底爆發尼德蘭反抗西班牙天主教壓迫為名義的基督教武裝反叛。
1567明穆宗隆慶1年	廣東籍海盜曾一本作亂。葡萄牙船航抵長崎。荷蘭反叛西班牙統治的武裝叛亂幾個月內被平息。
1568明穆宗隆慶2年	織田信長進入京都，統治日本。
1569明穆宗隆慶3年	明軍平曾一本亂。
1570明穆宗隆慶4年	荷蘭1570年出版的地圖開始標示Formosa，但被當作硫球的一部分。長崎開港。
1571明穆宗隆慶5年	西班牙人在菲律賓殖民總部從宿務轉移到馬尼拉。中國商人與西班牙人在馬尼拉灣遭遇，開啟了與西班牙人貿易的契機。
1572明穆宗隆慶6年	尼德蘭海上武裝游擊隊攻占荷蘭省南方的Brill港，引發全面反叛西班牙的武裝叛亂。
1574明神宗萬曆2年	以澎湖為據點的廣東籍海盜林鳳為明軍追擊逃至今嘉義縣一帶，後率眾襲擊馬尼拉的西班牙人失敗。倭寇又侵浙、粵沿海。
1575明神宗萬曆3年	日本長篠之戰，織田信長、德川家康聯軍以西式火器擊敗武田勝賴馬軍。明工科給事中李熙上書建議造西洋火器，將浙江歲造軍械內一半改造鳥銃，福建、廣東一半改造熟鐵佛郎機百子銃。
1576明神宗萬曆4年	尼德蘭南方各省（今比利時部分）參加反叛西班牙的行動。
1578明神宗萬曆6年	耶穌會東方傳教區視察員范禮安（Alessandro Valignanao）神父往日本視察途中抵澳門，居留八個月，迎合中國習俗，試圖開闢中國教區。
1579明神宗萬曆7年	尼德蘭南方各省脫離反叛西班牙的行動，北方各省成立烏特列支聯盟。英國勢力進入印度。
1580明神宗萬曆8年	義大利籍耶穌會教士利瑪竇抵澳門。葡萄牙併入西班牙。
1581明神宗萬曆9年	明朝宰相張居正推行「一條鞭法」。尼德蘭北方各省宣布脫離西班牙國王菲利普二世的統治，荷蘭共和國開始成形。
1582明神宗萬曆10年	一艘西班牙船航經台灣海峽，稱台灣為Hermosa。由澳門前往長崎的葡萄牙船在台灣附近遇難。織田信長遇刺身亡，豐臣秀吉統治日本。倭寇侵入溫州。日本派出九州少年使節團經果阿前往歐洲參拜教皇（1590年回到長崎）。
1583明神宗萬曆11年	女真努爾哈赤開始攻打明朝遼東建州各部。豐臣秀吉大阪城建築完成。
1584明神宗萬曆12年	一艘迷航的西班牙船航抵平戶。
1586明神宗萬曆14年	馬尼拉的西班牙人建議國王菲利普二世出兵占領台灣。
1587明神宗萬曆15年	豐臣秀吉平定九州。
1588明神宗萬曆16年	豐臣秀吉發布「刀狩令」，禁止農民擁有武器；頒發「賊船停止令」，禁止倭寇出航。西班牙無敵艦隊在英吉

公元與年號	重要事件
	利海峽為英國艦隊擊敗。
1590明神宗萬曆18年	豐臣秀吉平定日本全國，德川家康封關東地區，進駐江戶（今東京）。豐臣秀吉向葡萄牙果阿總督發出國書，要求進貢。
1592明神宗萬曆20年	豐臣秀吉第一次出兵侵略朝鮮，明朝派兵援朝。豐臣秀吉頒布「朱印船制度」。菲律賓總督特使科博（Juan Cobo）自馬尼拉抵日本
1593明神宗萬曆21年	明將李如松進軍平壤，擊退日軍。努爾哈赤征服海西諸部。豐臣秀吉遣部屬原田孫七郎前往馬尼拉，責令西班牙總督進貢，並在途經台灣時要求「高山國王」納貢。
1594明神宗萬曆22年	努爾哈赤征服長白諸部。在馬尼拉的一名中國船員刺殺了西班牙駐馬尼拉總督達斯馬里納。荷蘭出版的地圖開始用斷續的方塊標示台灣。
1595明神宗萬曆23年	荷蘭船隊首次繞道南非好望角航抵印尼萬丹。
1596明神宗萬曆24年	自馬尼拉前往墨西哥的西班牙船「聖菲利普號」漂流到四國島土佐（今高知縣），因船員揚言將以教士為先鋒征服日本，豐臣秀吉下令全面禁教，處死廿六名教徒。「聖菲利普號」船長回馬尼拉後建議占領台灣一港口。西人驅逐馬尼拉的一萬二千名華人回國。
1597明神宗萬曆25年	豐臣秀吉再度發兵侵略朝鮮。明設澎湖遊兵八百五十名。
1598明神宗萬曆26年	西班牙兩艘兵船載員兩百多人征討台灣，因遇逆風無功而返。荷蘭人范聶克和明朝史書所稱的韋麻郎首次率船隊自好望角航抵南洋。豐臣秀吉病歿，日本召回侵朝軍隊。
1599明神宗萬曆27年	建州女真創立滿文。
1600明神宗萬曆28年	荷蘭人范努爾特率領的艦隊繞道南美從太平洋航抵馬尼拉。西班牙船「聖地牙哥號」在馬尼拉灣為荷蘭艦隊擊沉。自太平洋方向過來的荷蘭船隻漂抵九州島豐後，英國籍領航員阿當姆斯（三浦按針）受德川家康禮遇。日本「關原之戰」，德川家康從豐臣家族手中取得日本統治權。英國東印度公司成立。德國出版火箭、手榴彈和迫擊砲的製造和射擊書籍。
1601明神宗萬曆29年	荷蘭人范聶克率第一艘荷蘭船航抵澳門，為葡萄牙人驅走。
1602明神宗萬曆30年	荷蘭聯合東印度公司成立。明浯嶼（今金門）把總隨沈有容追剿倭寇抵今台南一帶。
1603明神宗萬曆31年	德川幕府在江戶開府。荷蘭人韋麻郎率船抵澳門，為葡萄牙人開砲轟走。馬尼拉的西班牙人屠殺華人二萬五千人。隨沈有容到台灣的福建連江文人陳第寫《東番記》，記述今台南一帶風土人情。
1604明神宗萬曆32年	韋麻郎率荷蘭人占領澎湖一三一天，為沈有容驅逐。德川家康頒發「朱印狀」推動海外貿易，確立「絲割符制度」。法國東印度公司成立。
1605明神宗萬曆33年	西班牙出版塞萬吉斯的《唐吉訶德》。法國開始殖民加拿大。
1607明神宗萬曆35年	明朝官員徐光啟譯成《幾何原本》。荷蘭海軍在直布羅陀擊敗西班牙艦隊。英國人在北美洲今維吉尼亞詹姆斯鎮建立第一個歐洲人永久殖民地。荷蘭人Jacob de Gheyn出版軍事操典書籍，書中荷蘭士兵的武器操典圖案已非常接近現代軍人的操作。在馬尼拉的僑領李旦因為西班牙人抄家轉往長崎、平戶發展。
1608明神宗萬曆36年	長崎領主有馬晴信的船隻航抵澳門，因船員滋事，為葡萄牙人驅逐。法國人在加拿大建魁北克城。
1609明神宗萬曆37年	日本完成對琉球的支配。日人第一艘歐式帆船橫渡太平洋，抵墨西哥。長崎領主有馬晴信奉德川家康之命派船「招諭」台灣向日本進貢，在台灣北部遭遇頑抗，並抓走數名澎湖漁民前往日本。有馬晴信的船隻焚燬停在長崎港內的一艘葡萄牙船。荷蘭人在平戶設立商館。西班牙、荷蘭簽署休戰條約。英國人哈德遜航抵今紐約市海灣，進入哈德遜河。義大利人伽利略發明望遠鏡。
1613明神宗萬曆41年	英國商館在平戶開設，租用李旦房子。
1614明神宗萬曆42年	荷蘭人根據哈德遜的調查，在今紐約州首府奧本尼附近設貿易站。
1615明神宗萬曆43年	日本德川與豐臣家族在「大阪之夏」戰役中最後決戰，豐臣家族滅亡。德川家康向長崎代官村山等安發出「高砂國渡船朱印狀」，令其組遠征船

公元與年號	重要事件
	隊，準備征討台灣。努爾哈赤建八旗軍制。
1616明神宗萬曆44年	除「唐船」外，日本只允外國船隻進入長崎、平戶二港。村山等安次子村山秋安率征台艦隊自長崎出發，在琉球遇暴風失散，其部將明石道友所率一船抵台灣北部，士兵一、二百名登陸後為土著包圍，集體自殺，餘下二船逃抵福建海面，殺害一千多名中國百姓。德川家康病歿。努爾哈赤稱汗建後金國。
1618明神宗萬曆46年	荷蘭人科恩被任命擔任東印度公司駐印尼總督。
1619明神宗萬曆47年	科恩擊敗英國在南洋的艦隊，取得在南洋的貿易和香料主導權，在改名為巴達維亞的雅加達建立城堡，作為荷蘭東印度公司的統治中心。英人三浦按針在平戶病故。閩籍華僑在長崎建興福寺。荷蘭、英國同意互派五船組成聯合艦隊航行台灣海峽之上，阻止西班牙、葡萄牙船隻前往日本和阻止中國船隻前往馬尼拉。
1621明熹宗天啟1年	為完全掌握香料，科恩下令屠殺香料產地班達島居民一萬五千多人，島上居民幾乎被完全消滅殆盡。荷蘭西印度公司成立。
1622明熹宗天啟2年	荷蘭艦隊在雷約茲率領下進攻澳門慘遭失敗後再度占領澎湖。荷蘭艦隊洗劫廈門、漳州、東山一帶沿海村莊。
1623明熹宗天啟3年	福建新任巡撫南居益計誘荷蘭人，在廈門港誘捕五十二人，斬殺八人。日本下令關閉平戶英國商館。科恩離任回國，德卡本特繼任荷蘭東印度公司印尼總督。荷蘭艦隊司令雷約茲到今台南一帶勘察地形地勢。
1624明熹宗天啟4年	鄭芝龍自平戶抵澎湖任荷人通事，後隨荷人轉移到大員（今台南安平）。南居益派重兵進攻占據澎湖的荷蘭人，在旅日華商李旦的斡旋下雙方達成協議，荷蘭人撤出澎湖，退據大員；明朝當局同意荷人據台與中國進行貿易。荷蘭人自澎湖轉移大員。鄭成功在平戶出生。荷蘭人移民北美殖民地包括今紐約市和紐約州一帶。。
1625明熹宗天啟5年	宋克任首任台灣長官，用十五疋粗棉布的代價從新港社人手中換取大片土地。鄭芝龍辭去荷蘭人的工作，從事海上生涯。李旦病逝平戶，鄭芝龍繼承其財富和勢力。荷蘭人自大員派船到馬尼拉、澳門騷擾西班牙、葡萄牙人的航路。
1626明熹宗天啟6年	西班牙人船隻經台灣東海岸北上占領雞籠（今基隆）。鄭芝龍部襲擊福建漳浦、劫掠金門、廈門、銅山（今東山）等地。明招撫鄭芝龍未成。明將袁崇煥巡撫遼東，金努爾哈赤歿，皇太極繼位。長崎代官末次平藏派濱田彌兵衛到台收購生絲，遭荷蘭長官宋克限制行動。
1627明熹宗天啟7年	袁崇煥被貶，明思宗即位，殺宦官魏忠賢。第二任荷蘭台灣長官德韋特與明軍合作在東山海面夾擊鄭芝龍，鄭芝龍大敗荷蘭人，攻陷廈門，處死荷人在廈門的代理商許心素。濱田彌兵衛自台灣逃回日本，同行帶走十六名新港社土民，荷日之間關係出現裂痕。第一位荷蘭傳教士甘迪留斯抵台。
1628明思宗崇禎1年	西班牙人占領淡水。科恩回任印尼東印度公司總督，訓令第三任荷蘭在台長官訥茨以武力打開對華貿易。濱田彌兵衛帶新港社土民回台，遭訥茨扣押，三個月後再逃回日本，幕府下令關閉平戶荷蘭商館。鄭芝龍受撫。長崎閩籍華僑福濟寺建成。袁崇煥再督遼東。李自成、張獻忠造反。
1629明思宗崇禎2年	長崎閩籍華僑崇福寺創建。荷蘭東印度公司總督科恩病逝。第二位荷蘭傳教士尤紐斯抵台。荷蘭訥茨長官派艦進攻淡水西班牙人失利。
1630明思宗崇禎3年	鄭芝龍先後剿滅叛變部屬李魁奇、鍾斌。崇禎殺袁崇煥。鄭芝龍派人接鄭成功回國定居。
1631明思宗崇禎4年	第四任荷蘭台灣長官普特曼斯到福建打通貿易渠道，無功而返。
1632明思宗崇禎5年	鄭芝龍部將劉香勢力崛起，與鄭芝龍部在福州發生嚴重武裝衝突。福建對台實施嚴格海禁，但鄭芝龍設法走私大量貨物到台。鄭芝龍二媽黃氏到台貿易。荷蘭東印度公司將訥次解送平戶關禁，日、荷貿易衝突結束，荷蘭平戶商館重開。西班牙人撫平台北平

公元與年號	重要事件
	原各族。
1633明思宗崇禎6年	七月荷蘭人與劉香合作突襲廈門，鄭芝龍部損失慘重。九月鄭芝龍反擊，在金門料羅灣大敗荷人，劉香敗逃，荷人重與鄭芝龍修好。在居住大員的福建同安籍商人林亨萬的協調下，台灣、福建之間貿易開始興旺起來。
1634明思宗崇禎7年	劉香突襲大員熱蘭遮城失敗。日本幕府禁日本人渡航海外。長崎開始建築人工島嶼出島。中國僧人默子在長崎架設石造眼鏡橋，為日本建造防洪石造拱橋之始。
1635明思宗崇禎8年	鄭芝龍在廣東海面大敗劉香，劉香自焚而死，鄭芝龍完全掌控台海海域，福建商船源源到台貿易。唐船對日貿易限定在長崎港。荷人征討台灣島內麻豆社。
1636明思宗崇禎9年	荷人征討台灣蕭壠社、小琉球。其中征討小琉球的行動為荷蘭東印度公司總督科恩1620年征討班達的翻版，島民幾全遭滅絕。荷蘭人傳教士尤紐斯在台灣設立第一所小學，收新港社二十名小孩入學。北美哈佛大學創建。後金改國號為清。
1637明思宗崇禎10年	荷蘭統治者開始派員勘察台灣東部，尋找黃金。日本九州發生島原之亂，幕府出兵平亂。宋應星《天工開物》印行。
1638明思宗崇禎11年	明朝邸報改用活字排印。日本平定島原之亂。日本發布鎖國令，除唐船和荷蘭船外，外國船隻不得進入日本。
1639明思宗崇禎12年	西班牙屠殺馬尼拉華人二萬二千人。
1640明思宗崇禎13年	葡萄牙脫離西班牙恢復獨立。
1641明思宗崇禎14年	荷蘭人攻雞籠西班牙人，西人投降撤出台灣。平戶荷蘭商館關閉，業務轉移到長崎出島，日、台間貿易完全在出島進行。
1642明思宗崇禎15年	明將洪承疇降清。鄭經出生。
1644清世祖順治1年	李自成攻陷北京，清軍入關，福王朱由崧在南京建立政權。
1645清世祖順治2年	清屠城揚州、陷南京，福王政權滅亡。明魯王朱以海在紹興、唐王朱聿鍵在福州建立政權。鄭芝龍派員接田川氏到中國。
1646清世祖順治3年	鄭芝龍降清。明魯王逃亡入海，清軍占福州，唐王政權滅亡。鄭成功母親田川氏遭清兵姦殺。鄭成功舉兵抗清。明桂王朱由榔在廣東肇慶建立政權。
1648清世祖順治5年	荷蘭獲西班牙承認正式獨立。
1650清世祖順治7年	鄭成功殺族兄鄭聯、鄭彩兄弟，占有金門、廈門基地。
1651清世祖順治8年	明魯王到廈門依靠鄭成功。
1652清世祖順治9年	郭懷一舉事反抗荷蘭人失敗。
1656清世祖順治13年	鄭成功對台灣的荷蘭人實施海上封鎖，中國船隻不許到台灣貿易。
1657清世祖順治14年	台灣荷蘭人派何斌到廈門與鄭成功談判恢復通商事宜，鄭成功宣布解除對台貿易禁令。
1659清世祖順治16年	鄭成功攻打南京，兵敗江南。
1660清世祖順治17年	何斌逃抵廈門向鄭成功獻攻台水道圖。鄭成功召開第一次東征台灣會議。
1661清世祖順治18年	鄭成功召開第二次東征會議，在廈門祭江，移師金門料羅灣，發兵攻打台灣的荷蘭人，登陸台灣本島，包圍大員熱蘭遮城荷人總部。清軍致函荷蘭人，欲聯手對付鄭成功未成。鄭成功在台灣設一府二縣，改大員為安平鎮。清朝將鄭芝龍斬首於北京。
1662清聖祖康熙1年	荷蘭人向鄭成功投降，退出台灣。鄭成功病逝台灣，子鄭經繼位。鄭成功外交顧問前往馬尼拉策反華人反抗西班牙人，事機洩漏，遭屠殺華人上萬人。
1663清聖祖康熙2年	清荷聯合攻占金門、廈門，鄭經主力東渡台灣。
1664清聖祖康熙3年	荷蘭人捲土重來占領雞籠。清荷聯軍攻台失利。荷蘭人將北美的紐約屬地移交英國。
1668清聖祖康熙7年	荷人因巨額貿易虧損，放棄雞籠，完全退出台灣。西班牙承認葡萄牙獨立。
1681清聖祖康熙20年	鄭經死，次子鄭克塽繼位。
1683清聖祖康熙22年	清將施琅攻克澎湖，登陸台灣，鄭氏政權投降，清領有台灣。
1684清聖祖康熙23年	台灣設府、縣，歸福建省管轄。
1686清聖祖康熙25年	西班牙人屠殺馬尼拉華人，死難人數不詳。

《參考書目》

◆中文書籍

- 《大陸與台灣的歷史淵源》，林仁川，上海文匯出版社，1991年。
- 《中國日本交通史》，王輯五，台灣商務印書館，1981年。
- 《中國海洋發展歷史論文集——第七輯_上下冊》，台灣中央研究院中山人文社會科學研究所，1999年。
- 《中國海盜史》，鄭廣南，華東理工大學出版社，1999年。
- 《中國與海外華人》，王賡武，台灣商務印書館，1994年。
- 《台灣外記》，江日昇，台灣中央研究院計算中心資料庫。
- 《台灣地方史》，陳碧笙，中國社會科學出版社，1982年。
- 《台灣早期歷史研究》，曹永和，聯經出版事業公司，1979年。
- 《台灣涉外關係史》，林子候，作者本人出版，台北三民書局經銷，1978年。
- 《台灣通史》，連橫，商務印書館，1983年。
- 《台灣鄭成功研究論文選》，鄭成功研究學術討論會學術組編，福建人民出版社，1982年。
- 《台灣叢談》，台灣史蹟研究會編，幼獅文化事業公司印行，1977年
- 《走向海洋貿易帶——近代世界市場互動中的中國東南商人行為》，陳東有，江西高校出版社，1998年。
- 《明清人物論集》，吳長顯等編，四川人民出版社，1983年。
- 《明實錄類纂－－福建台灣卷》，薛國中、韋洪合編，武漢出版社，1993年。
- 《東洋航路移民——明清海洋移民台灣與菲律賓的比較研究》，曾少聰，江西高校出版社，1998年。
- 《荷據時代台灣史》，楊彥杰，江西人民出版社，1992年。
- 《貨殖華洋的粵商》，黃國信、黃啟臣、黃海妍合著，浙江人民出版社，1997年。
- 《閩在海中——追尋福建海洋發展史》，楊國楨，江西高校出版社，1998年。
- 《漳州過台灣》，劉子民著，台北前景出版社，1995年。
- 《福建史稿》，朱維幹，福建教育出版社，1985年。
- 《熱蘭遮城日記——第一冊》，江樹生譯註，台南市政府發行，2000年。
- 《鄭成功全傳》，王曾才撰稿，台灣史蹟研究中心，1979年
- 《鄭成功收復台灣史料選編》，福建人民出版社，1982年
- 《鄭成功研究》，許在全、王偉明主編，泉州鄭成功學術研究會編，中國社會出版社，1999年。
- 《鄭成功研究國際學術會議論文集》，廈門大學台灣研究所歷史研究室編，江西人民出版社，1987年。
- 《鄭成功研究論文選——續集》，鄭成功研究學術討論會學術組，福建人民出版社，1984年。
- 《鄭成功研究論叢》，鄭成功研究學術討論會學術組，福建教育出版社，1984年。
- 《鄭成功叢談》，廈門鄭成功研究會與廈門鄭成功紀念館合編，廈門大學出版社，1993年。
- 《澳門香港之早期關係》，郭永亮，台灣中央研究院近代史研究所，1990年。
- 《龍的帝國——華人在太平洋區的巨大影響力》， 中譯本，Sterling Seagrave，台灣智庫股份有限公司出版，1996年。

◆中外文期刊

- 《史聯雜誌》、《台灣文獻》、《台灣風物》、《歷史月刊》和National Geographic有關各期。

◆外文書籍

- Cambell, Rev. WM. *Formosa Under the Dutch*,台北南天書局重印，1996.
- Chrisp, Peter. *The Search for the East*, Thompson Learning, 1995.
- Desroches, Jean-Paul, Gabriel Casal, and Frank Goddio. *Treasures of the San Diego*, Association Francaise d'Action Artistique, Foundation Elf and Elf Aquitaine International Foundation, Inc., 1996.
- Fradin, Dennis B. *The New York Colony*, 1988.
- Dunn, Ross E. *The Adventures of Ibn Battuta*, University of California Press, Berkeley and Los Angeles, 1989.
- Garraty, John A., and Peter Gay. *The Columbia History of the World*, Harper & Row, Publishers, 1983.
- Geyl, Pieter. *The Nederlands in the 17th Century*, Part One: 1609-1648, Barnes & Noble.,1985.
- Haley, K. H. D. *The Dutch in the Seventeenth Century*, Harcourt Brace Jovanovich, Inc., 1972.
- Hanna, Willard A. *Indonesian Banda, Colonialism and Its Aftermath in the Nutmeg Island*, Institute for the Study of Human Issues, 1978.
- Israel, Jonathan. *The Dutch Repiblic, Its Rise, Greatness and Fall, 1477-1806*, The Oxford History of Early Modern Europe, 1998.
- Kenney， Alice P. *Stubborn for Liberty, the Dutch in New York*, Syracuse University Press, 1975.
- Kerr, George. *Okinawa--The History of an Island People*, Tuttle Publishing, 2000.
- Masselmn, George. T*he Cradle of Colonialism*, Yale University Press, 1963.
- New Encyclopedia of Catholism, McGraw Hill,1967.
- Schama, Simon. *The Emabarassment of Riches*, University of California, 1997.
- Smith, Bradley. *Japan-A History in Art*, Doubleday, 1964.
- Spence, Jonathan D. *The Memory Palace of Matteo Ricci*, Viking，Penguine Inc.1984.
- Stevens, Harm. *Dutch Enterprise and the VOC, 1602－1799*, Walburg Press, 1998.
- Wallerstein, Immanuel. *The Modern World-System II, Merchantilism and the Consolidation of the European World-Economy, 1600-1750*, Academic Press, 1980.
- Zandvliet, Kees. *Mapping for Money, Maps, plans and topographic paintings and their role in Dutch overseas expansion during the 16th and 17th centuries*, Batavian Lion International, Amsterdam, 1998.

◆網站資料

- 《人民日報》網站〈澳門歷史〉資料。
- 「美麗寶島站」(http://taiwanresources.com/)刊登，Montanus, Arnoldus, *The Dutch Expedition for Recovering Taiwan, 1663-1664,* Thomas Astley英文譯文(中文譯文：龔飛濤)。
- Henny Savenije網站資料。
- 美國紐約市皇后區法拉盛「鮑恩之家」歷史學會(Bowne House Historial Society)網頁提供資料。

大航海時代的台灣

作者　湯錦台
美術設計　不倒翁視覺創意工作室
主編　王思迅
責任編輯　張海靜　劉素芬
發行人　蘇拾平
出版　貓頭鷹出版、果實製作
電話　(02)2356-0933
發行　城邦文化事業股份有限公司
地址　台北市民生東路二段141號2樓
網址　http://www.cite.com.tw
電話　(02)2500-0888
傳眞　(02)2500-1941
郵撥帳號　18966004城邦文化事業股份有限公司
香港發行所　城邦(香港)出版集團有限公司
地址　香港北角英皇道310號雲華大廈4字樓504室
電話　(852)2508-6231
傳眞　(852)2578-9337
新馬發行所　城邦(新馬)出版集團
地址　11 JALAN 30D/146, DESA TASIK, SUNGAI BESI, 57000 KUALA LUMPUR, MALAYSIA
電話　(603)9056-3833
傳眞　(603)9056-2833
印刷　成陽印刷股份有限公司
出版日期　2001年12月 初版
2004年 1 月 初版十刷
定價　380元
ISBN　957-469-748-7

大航海時代的台灣 / 湯錦台作. -- 初版. --
台北市：貓頭鷹出版：城邦文化發行, 2001
[民90]
面：　公分

ISBN 957-469-748-7（平裝）

1. 台灣 - 歷史 - 荷據時期（1624-1661）2.
台灣 - 歷史 - 明鄭時期（1661-1683）

673.225　　90017897

Formosa 發現台灣系列

圖文卷

NAN SII.

SINENSIS

REG.

OCEANUS

I: Ainan

INSULÆ

PHILIP

PINÆ

Luco

Calamianes

MINDANA

Malagua

Cambo ja

Pulo Cecir

Pulo Condor

Pulo Tyoao

BORNEO

CELEBES

Porto Caram CEIRAM

I: de S. Ioannes

I: da Palmeras

I: de Talao

Aru

Bantam

Banca

Timor

IAVA, quæ et IAOA dicitur.

Buxos

Guam

MARE LANT

CHIDOL

NUX MYRISTICA

INSVLAE MOLVCCAE celeberrimæ sunt ob Maximam aromatum copiam quam per totum terrarum orbem mittunt: harum præcipuæ sunt Ternate, Tidore, Motir, Machian et Bachian, his quidam adjungunt Gilolum, Celebiam, Borneonem, Amboinum et Bandam. Ex Insula Timore in Europam advehuntur Santala rubea & alba. Ex Banda Nuces myristicæ, cum Flore, vulgo dicto Macis. Et ex Moluccis Caryophilli: quarum icones in pede hujus tabellæ ad vivum expressas poni curavimus.

PICUS CANCRI

De Sierra

Las dos Hermanos

Malabrigo

Islas de las Velas

Ilhas de Corales

Ilhas dos Reis al de Pratis

Barbudos

I. de los Salvadores

De los Martires

I. de Aves

I. de los Nadadores

De los dos Vesinos

ÆQUINOCTIALI

Dos Martires

La Barbada

Los Bolcanes

Insulæ Salomonis

NOVA GVINEA

Nova Guinea a nautis sic dicta, quod eius litora, locorumque facies Guineæ Africanæ multum sunt similia. ab Andrea Corsali Florentino videtur dici Terra de Picinacoli. Partem autem esse continentis Australis magnitudo probabile facit.

Terra Baixa

S. Nicolas

I. Dagoa

Witt Sandel

Geel Sandel Santalum

Root Sandel Santalum

Witt Sandel Santalum

CARYOPHILORUM ARBOR

Formosa 發現台灣系列

圖文卷